秀吉に備えよ!!

―羽柴秀吉の中国攻め―

長浜市長浜城歴史博物館 編

ごあいさつ

湖北・長浜の象徴であり、湖北史のランドマークとして再興された長浜城歴史博物館は、昭和五十八年（一九八五）四月五日の開館以来、本年で開館三十周年を迎えました。また同時に大阪城との姉妹城提携も、三十周年を迎えました。

この記念すべき年に、秀吉飛躍の契機となりました「中国攻め」を取り上げます。この展覧会は、①播磨侵攻、②上月（こうづき）城攻防戦、③三木城攻め、④鳥取城攻め、⑤高松城水攻め、で構成されます。また秀吉の軍師・黒田官兵衛が幽閉された「有岡城攻め」なども取り上げます。

今回の特別展の特徴は、まず秀吉の中国攻めを体系的かつ全体的に取り上げた、日本でも初めての展覧会である点です。さらに、侵略した秀吉からの目線だけではなく、攻め込

まれ迎え討った摂津・播磨・因幡・備前・備中の武将たちの視線を重視しながら、侵略者としての「秀吉」を描きだす点にあります。

羽柴秀吉は長浜にとって開町の恩人ですが、秀吉を単に顕彰するだけではなく、その人物を冷静に、相手方の視点も取り入れて描く特別展を、長浜城歴史博物館が開催することに大きな意義があると思考します。

本展の開催にあたりまして、貴重な資料の出展などにご協力いただきました所蔵者各位、ならびに、種々ご指導賜りました関係各位に対して心から御礼申し上げます。

平成二十五年七月二十日

長浜市長浜城歴史博物館

館長　片山　勝

写真：近世の鳥取城跡（秀吉の攻めた城は背後の久松山にあった）

目次

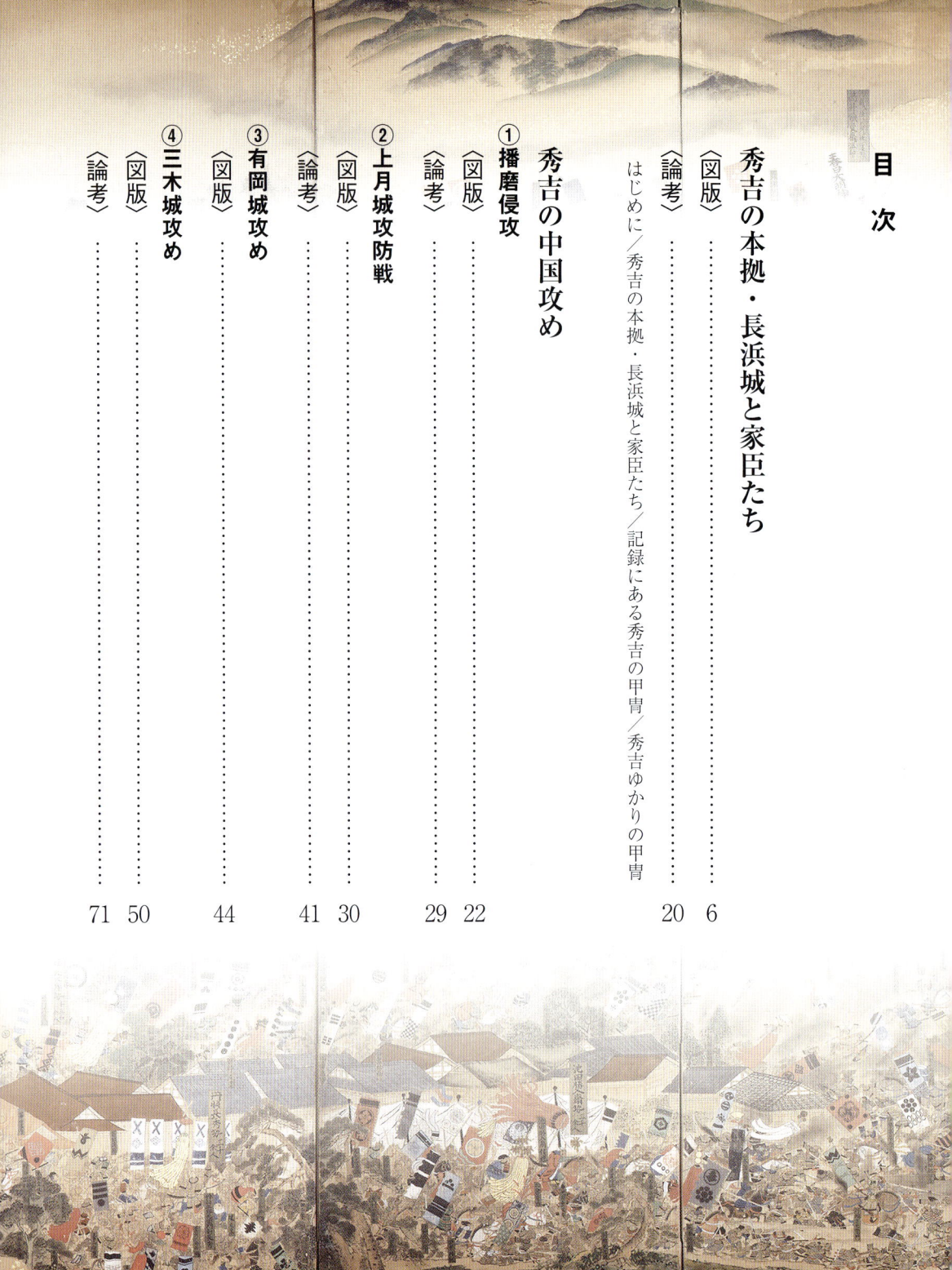

凡例

※本書は、特別展「秀吉に備えよ!!～羽柴秀吉の中国攻め～」（会期：平成二十五年七月二十日㈯～九月一日㈰）にともない作成された図録である。ただし、展示内容と図録構成は必ずしも一致しない。特別展の構成は、巻末の展示資料目録を参照のこと。

※図版解説・個別資料解説はすべて、森岡榮一が執筆した。

※本文中の列品番号の前にある記号は、左記のとおりである。

◎国指定重要文化財　□県指定文化財　△市町村指定文化財　Ⓡ複製資料（レプリカ）

写真：山崎合戦図屏風　大阪城天守閣蔵

秀吉の本拠・長浜城と家臣たち

1　**木造　豊臣秀吉像**　名古屋市秀吉清正記念館蔵

唐冠をかぶり、右手に笏を持つ束帯姿の神像形式の秀吉像である。大阪城天守閣蔵秀吉木像と比較すると、表面の彩色は良く残っている。また表情は、精悍であるが少し柔和な感じである。写実的な容貌や姿態は、個性的な力強さを見せている。容貌は大阪豊国神社所蔵の秀吉画像に通ずるところがある。秀吉に「豊国大明神」の神号が下賜された慶長４年（1599）４月以降の制作であろう。

数ある秀吉木像のなかで、個性的な作品である。同時期の製作と推定される「繧繝縁（うんげんべり）」の木製台座が附属する。旗本木下家伝来。

◎2　**豊臣秀吉像**　西教寺蔵

秀吉没後三回忌にあたる慶長５年（1600）に、秀吉の右筆を務めた山中長俊が描かせた肖像画。上畳に薄縁を敷いて、黒色の唐冠をかぶり白直衣姿で右手に扇子を持って坐す。容貌は、頬骨が張り、頬・鼻下に長い髭をたくわえる。上部には屋根の軒から御簾・垂幕が下がり、背後の床壁には水墨で山水画が描かれている。典型的な豊国大明神の姿で描かれた秀吉像である。上部には、玄圃霊三（げんぽうれいさん）と惟杏永哲（いきょうえいてつ）の二人の禅僧の賛がある。山中長俊は、その妻が大谷吉隆の母と共に西教寺の客殿を寄進建立するなど、西教寺とゆかりが深い人物である。

3　**豊臣秀吉像**　長浜八幡宮蔵

本像は、唐冠をかぶり鼠色の指貫の上に白地花菱文様の直衣をつけ、右手に檜扇を持ち、左脇に糸巻太刀を置き、繧繝縁の上畳に坐る姿に描く。背面・前景ともに屋根や垂幕、高欄等の装飾がなく、上部の賛もない。秀吉の容貌は、京都豊国神社本に近く、猿面ではあるが柔和な顔立ちである。

裏面墨書から、寛政９年（1797）８月に秀吉の200年遠忌法要の本尊として、八幡宮塔頭妙覚院などが画人「源瑛昌」に描かせたことがわかる。長浜八幡宮と秀吉の密接な関係がよくうかがえる資料である。

4　縹糸下散紅威胴丸　大阪城天守閣蔵

脇坂安治が秀吉より拝領したと伝えている。脇坂家の家伝によれば、もとは兜・袖・籠手などが完備した具足であったと言う。しかし昭和36年(1961)、大阪城天守閣が購入した時点では、すでに胴と草摺しか現存していなかった。

胴は、鉄板の上部を切りつけて木屎漆を盛り上げ本小札のように見せた切付札を縹糸で毛引威とする。草摺(下散)も切付札を紅糸で威している。胸板や脇板・裾板には、枝菊と桐紋を金平蒔絵で表現している。また胸に3個、背に2個の赤銅魚子地色絵象嵌の古様な桐紋金具が据えてある。秀吉所用に相応しい桃山時代の高級鎧である。

（背面）

この陣羽織は、漆黒の空に黄色く聳え立つ富士山を表現しており、火口から白い噴煙が上がっている様子が簡潔ななかにも見事なデザインで表現されている。富士の麓には、黒い水玉模様がリズミカルに散りばめられる。派手な黄羅紗は南蛮渡来品で、首周りと袖ぐりの襞状で波形の飾縁は白・橙・肌色３色のフリルで縮緬製である。襟から前身頃にかけては明国伝来の銀襴が贅沢に使用される。前身頃には、胡桃釦を留めると赤い眼鏡になる凝った仕掛けの飾り紐が着き、一層華やぎを与えている。異文化の素材で表現された日本の象徴「富士山」は、白煙を噴き上げ神々しい。豊臣秀吉所用と伝え、下郷共済会旧蔵の逸品である。

（前面）

5　富士御神火文黒黄羅紗陣羽織　大阪城天守閣蔵

陣羽織は、陣中などで威容をととのえるために、具足や小具足の上にはおった外被である。袖無で裾開き背割りの仕立てを陣羽織とよび、具足羽織あるいはただ単に羽織ともいう。室町時代後期から鎧直垂の使用が廃れ、標識や合標・応接の威容を調えるために外被が登場する。当初は風流で華やかな肩衣が用いられ、安土桃山時代には広袖裳付の道服や胴服が広く愛好され贈答にも用いられた。胴服には、袖無と袖付があり日常には袖付が好まれ、材質・形状・色目・文様に趣向が凝らされた。

6　色々糸威切付札二枚胴具足　名古屋市秀吉清正記念館蔵

名古屋城小天守二階にあった秀吉近習十六騎の具足のうちの一つ。兜は総覆輪阿古陀形十六間筋兜で檜垣が付き、正面に三鍬形前立を立てている。吹き返しには、桐紋を蒔絵で表現する。面頬は、鼻の無い猿頬で垂は三段下がり。胴は、鉄板物の上部を小札頭状に切り付けて、木屎漆を盛り上げて本小札の様に見せる切付札である。この切付札の製作は、相当の熟練と経験・技術が必要であったと伝えている。紅・白・縹色の糸で、隙間なく威す毛引威である。胴の胸板に龍、草摺の裾板に桐紋の金銀蒔絵が据えられている。袖は七段下がりで、切付小札の色々威で籠手に仕付けられた当世袖である。膝を守る佩楯は、板佩楯で日の丸が表現され、三枚筒臑当が付属する。

典型的な桃山時代の高級具足で、奈良甲冑師の製作。秀吉の周囲を守備した近習（小姓）に相応しい具足である。

7　皺革包胴丸具足　個人蔵

この具足は、秀吉の家臣・小西行長（一五五八～一六〇〇）の所用と伝えている。行長は小西立佐の次男として京都に生まれた。幼少からキリスト教の教えをうけ、初め備前国の戦国大名宇喜多氏に仕えていた。そして天正九年（一五八一）頃には秀吉の家臣となり、この頃から天正十三年（一五八五）にかけて瀬戸内海の海上交通を監督する立場にあったと考えられる。九州攻めの後、天正十六年（一五八八）五月に肥後国（熊本県）半国（宇土・八代・天草郡等）の大名となる。石田三成との密接な関係は、豊臣政権下の九州諸大名との取次や、朝鮮出兵での兵站調達にあたっていた寺沢正成との結びつきから形成されたものである。三成は、行長との関係を「等閑なし」な間柄と記している。

この具足の胴は、矧目の見られない鉄の一枚板で造られた仏胴に、皺革を貼ったものである。この形式の胴を「包仏胴」という。胴中央の日輪は、紅に塗られ、周囲の光輪には金箔を押している。いかにも桃山らしい、戦場でよく目立つ「派手」な具足であったと考えられる。胴部の光輪の上端部に一ヶ所、背面部に二ヶ所、合計三個の桐紋金具を打っている。兜と臑当が欠失しているのが惜しまれる。籠手と佩楯が付属するが、後補である。小西行長ゆかりの具足として、堺の旧家に伝来している。

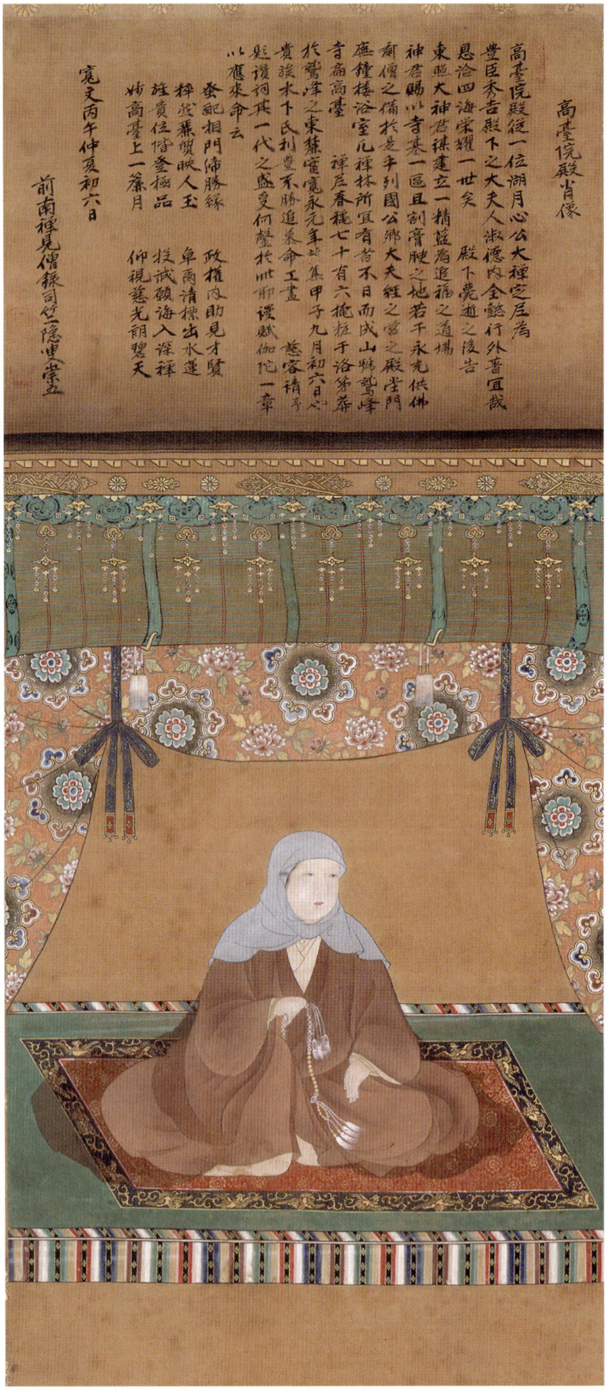

8　北政所像　名古屋市秀吉清正記念館蔵

秀吉の妻「おね」を描いた肖像画である。おね（一五四二〜一六二四）は杉原助左衛門の女でのち浅野長勝の養女となる。永禄四年（一五六一）八月三日に十四歳で秀吉と結婚した。秀吉はこの時二十五歳。のち天下人となる秀吉の家庭をよく守り、大政所に仕え糟糠の妻として内助の功が多かった。秀吉が関白に任官すると従三位に叙せられ、北政所と呼ばれた。同十六年には従一位に昇り、准三后の待遇を受けている。妻を多く持つ秀吉だったが、常に北政所を立てて秀頼にも「まんかか様」と呼ばれた。秀吉没後、慶長四年（一五九九）に大坂城西の丸を出て京都三本木に隠退した。慶長八年（一六〇三）に高台院の号を勅許され、二年後、京都東山に高台寺を建立し、亡夫秀吉の菩提をひたすら祈った。関ヶ原合戦・大坂の役・豊臣家滅亡という世の変転を静観しつつ、寛永元年（一六二四）九月六日死去した。

この画像は、法体姿で右手に水晶の数珠を執り、繧繝縁の上畳に坐している。その容貌からは、温厚で思慮深い性格がよくうかがえ、涼やかな目許からは、気丈な性質が読み取れる。異国情緒あふれる豪華な幕や敷物に生前の生活がしのばれる。上部に神殿風の軒がのぞいていることから、礼拝用の神像として製作されたものであろう。賛から寛文六年（一六六六）に木下利豊が四十三回忌の追善に描かせたものであることがわかる。旗本木下家旧蔵。

おねの肖像画は、この他高台寺に二幅（一幅は重要文化財）が知られているのみである。

9　羽柴於次秀勝像　瑞林院蔵

秀吉の養子・羽柴於次秀勝の肖像彫刻である。伝来した瑞林院は、京都百万遍知恩寺創建時から塔頭として存在していたという。同院は、蒲生氏郷夫人の「冬姫」が、早世した羽柴於次秀勝の菩提を弔うために創建したと伝えている。冬姫は織田信長の娘で、秀勝の姉であった。開基は、知恩寺第30世「岌州上人」の弟子「岌方行西」で、信長の家臣・藤懸氏の出身という。藤懸永勝（1557～1617）は、最初信長に仕え本能寺の変後、於次秀勝に仕え丹波国内で6000石をあてがわれたという。天正13年（1585）12月秀勝の死去後に秀吉に転任したと言う。

寺名は、於次秀勝の法名「瑞林院殿賢嚴才公大禅定門」から付けられている。本像は、江戸時代前期頃に33回忌法要などの本尊として造立されたものかもしれない。いずれにしても、菩提を弔う法要の本尊として造られたものであろう。作風から京仏師の作品と推定される。若くして死んだ、於次秀勝の容貌をよく伝えていると考えられる。この他に、本像と容貌のよく似た画像が、知恩寺と大徳寺に所蔵されている。

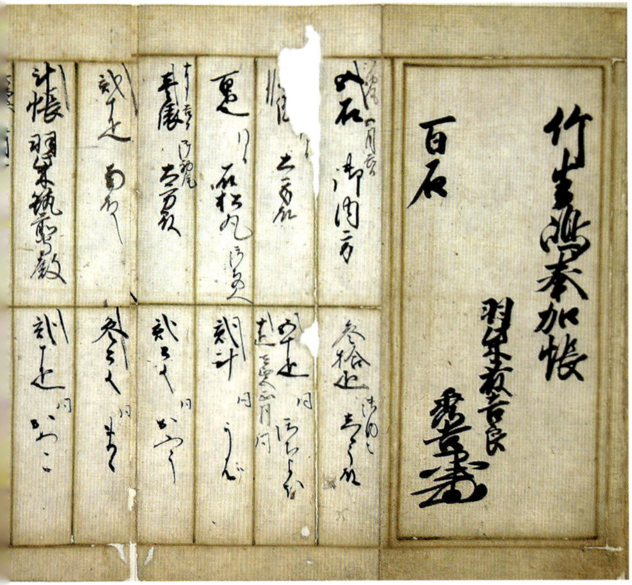
竹生嶋奉加帳
百石

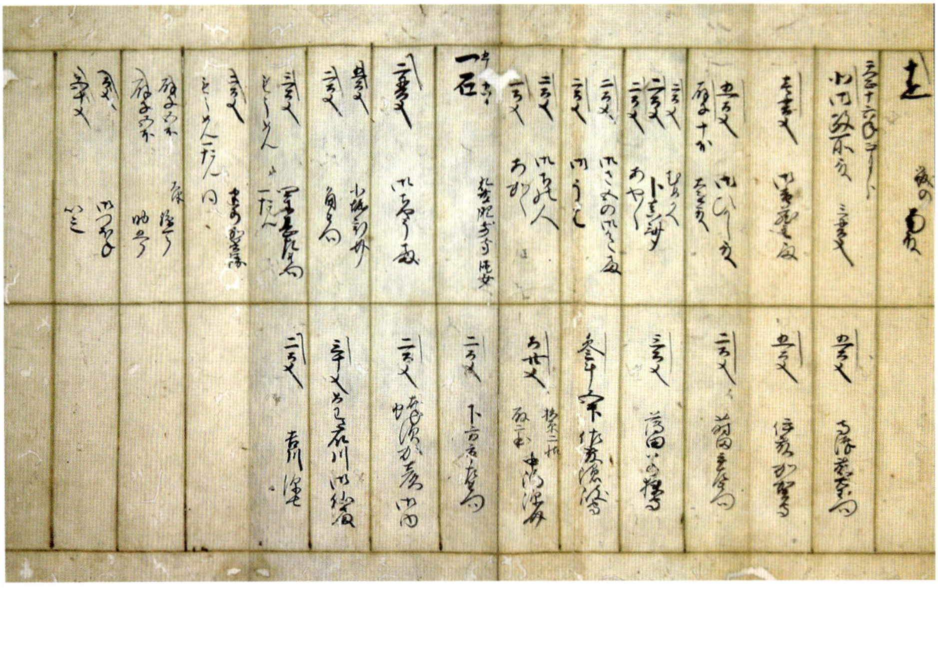

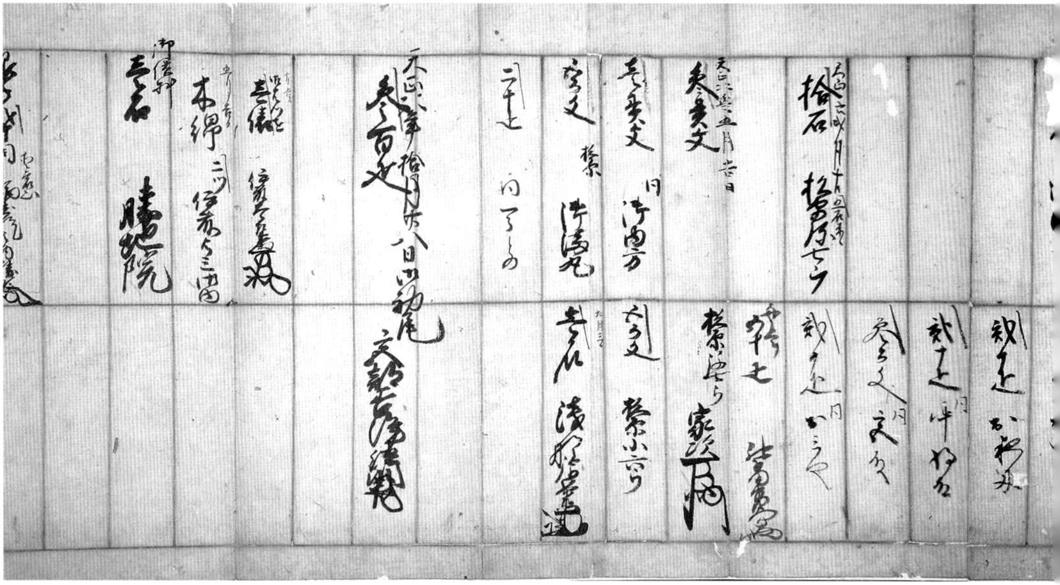

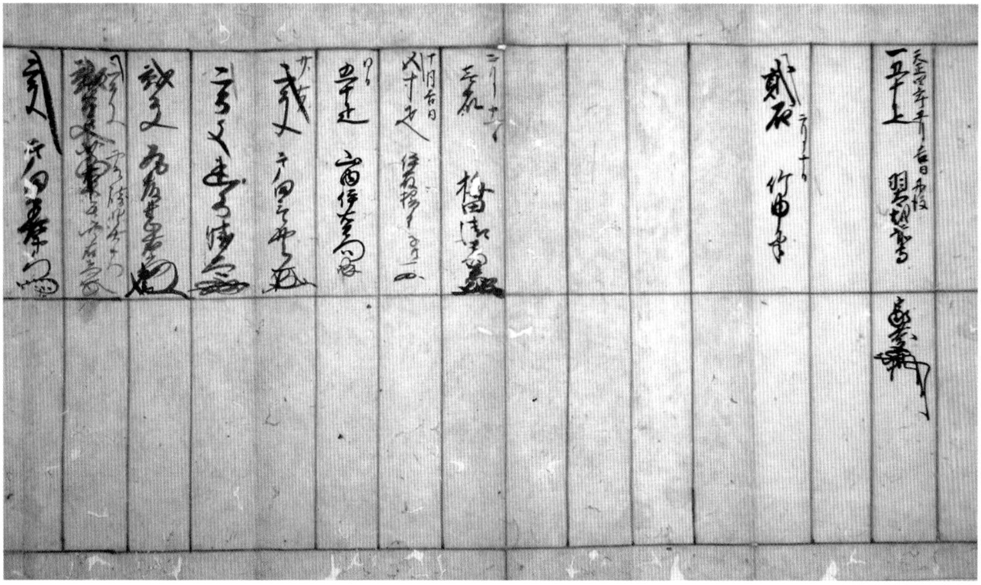

◎10　**竹生島奉加帳**　竹生島宝厳寺蔵

この奉加帳は、戦乱で損傷した竹生島の舎殿を造営・修理するため、長浜城内に居た秀吉と家族・侍女・家臣たちが寄進した金品の量を記載したものである。奉加された時期は、天正４年（1576）４月から天正 16 年（1588）正月までであるが、大部分の奉加は天正４年から６年にかけてと考えられる。記載された名前は、総計 131 人に及び、このうち女性と考えられる人名が 40 人ほど含まれる。これらの人名には、秀吉とおね（北政所）や母（大政所）、南殿、侍女や女中たち、さらに浅野長吉・宮部継潤・竹中重治・山内一豊・伊藤吉次・小堀正次などの秀吉家臣たちが記されている。

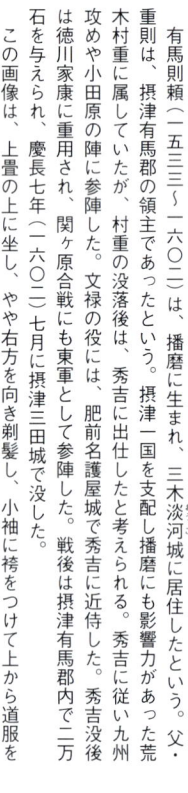

11　有馬則頼像　京都大学総合博物館蔵

有馬則頼（一五三三〜一六〇二）は、播磨に生まれ、三木淡河（おうご）城に居住したという。父・重則は、摂津有馬郡の領主であったという。摂津一国を支配し播磨にも影響力があった荒木村重に属していたが、村重の没落後は、秀吉に出仕したと考えられる。秀吉に従い九州攻めや小田原の陣に参陣した。文禄の役には、肥前名護屋城で秀吉に近侍した。秀吉没後は徳川家康に重用され、関ヶ原合戦にも東軍として参陣した。戦後は摂津有馬郡内で二万石を与えられ、慶長七年（一六〇二）七月に摂津三田城で没した。

この画像は、上畳の上に坐し、やや右方を向き剃髪し、小袖に袴をつけて上から道服を羽織り、腰には合口拵の短刀を指す姿に描かれる。足には足袋を履き、扇を執る右手で襟を引き止めている。大徳寺第百十一世春屋宗園（しゅんおくそうえん）の賛がある。

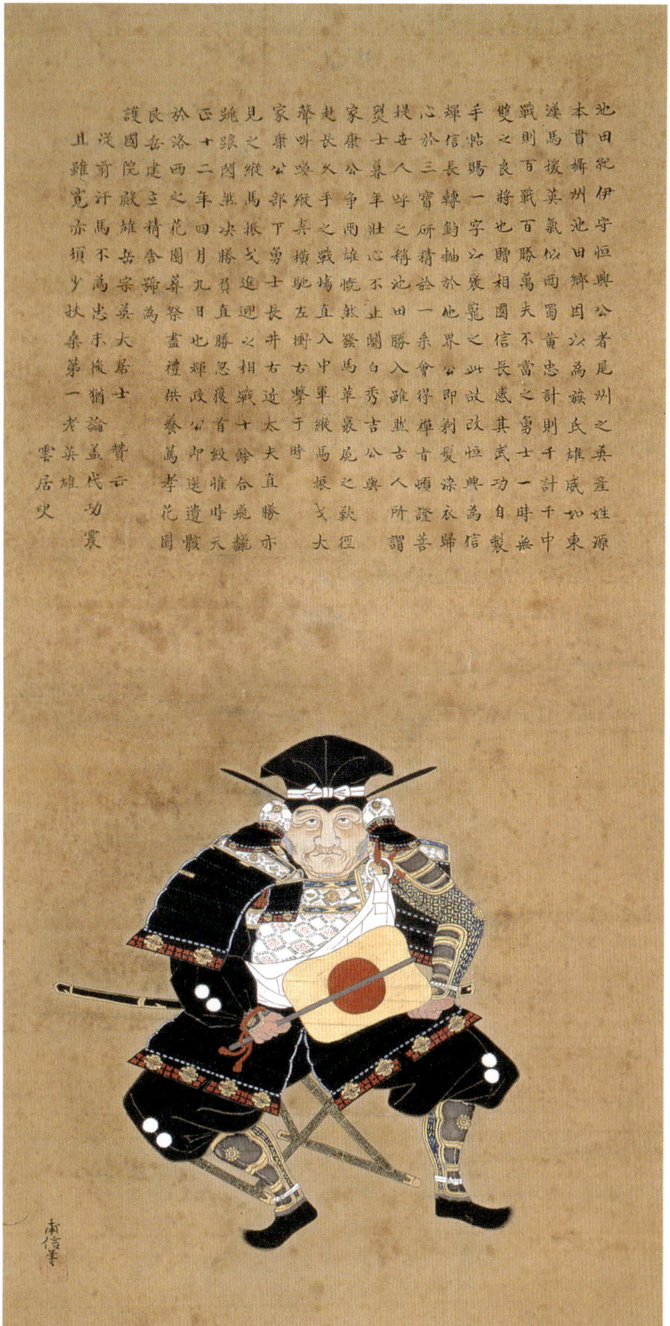

12　池田恒興像　大阪城天守閣蔵

池田恒興（一五三六～八四）は、尾張国出身で父は紀伊守恒利、母は池田氏の女で信長の乳母となった養徳院である。信長の父信秀に幼少から仕え、その後信長に出仕し、星野攻め・萱津合戦・桶狭間の戦などに戦功をあげた。元亀元年（一五七〇）四月越前攻めや六月の姉川合戦にも参陣している。天正元年（一五七三）槇島城攻めに従軍し、その後織田信忠に付属して東美濃で活動する。天正六年有岡城攻めに加わり、有岡落城後は花隈城を天正八年七月二日に攻め落とした。荒木の残党を摂津から一掃した後に、信長から有岡城（伊丹城）を与えられた。同十年の本能寺の変が起こると、秀吉と共に明智光秀を討ち、織田家宿老に列している。賤ヶ岳合戦にも、秀吉に協力し美濃国を領し大垣城主となった。天正十二年四月小牧の役において、長久手合戦で徳川家康の攻撃により討死した。

この画像は、投頭巾形の兜をかぶり、黒糸威の大鎧の上に白い袈裟を着用し、右手に日の丸の軍配を持って床几に坐す姿に描く。大袖や草摺の裾板には、向揚羽蝶の金具が表現されている。鳥取藩主池田家の菩提寺・龍峰寺伝来の池田恒興像（雲居希膺賛）を狩野甫信（浜町狩野家二代目）が模写したもの。原本は、江戸木挽町狩野家初代・狩野尚信が池田恒元（恒興の孫・池田利隆の次男）の依頼で描いた画像である。池田輝政像（恒興次男）と池田利隆像（輝政の子）の三幅対になっていた。

秀吉の本拠・長浜城と家臣たち

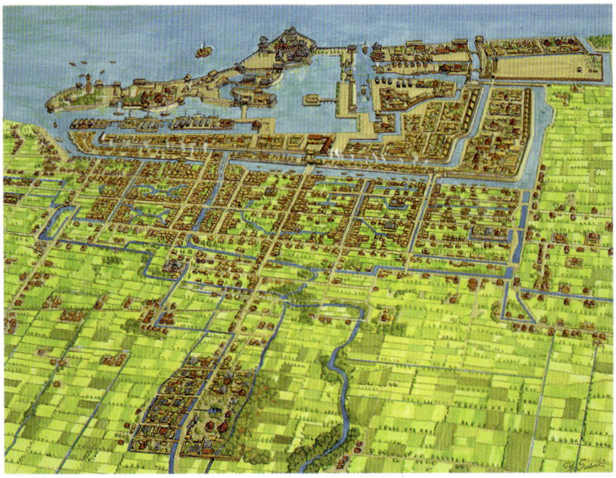

長浜城下町推定復元図
監修：長浜市長浜城歴史博物館
イラスト：佐々木洋一

はじめに

天正五年（一五七七）十月二十三日、秀吉は実質的な中国経略の最高指揮官として播磨国に侵攻した。信長から毛利氏攻略を命じられたのである。この時から天正十年（一五八二）六月四日に備中高松城が落城するまで、播磨姫路城を本拠に上月城・三木城を攻め、但馬の竹田城を攻略し、因幡鳥取城も攻め落とすなど中国各地を転戦する。そしてこの戦いで秀吉の軍師として活躍するのが、竹中半兵衛重治と黒田官兵衛孝高である。その後秀吉は、中国大返しを経て山崎合戦・賤ヶ岳合戦・小牧合戦に勝利し、関白となる。

つまり秀吉の中国攻めは、秀吉が天下人への階梯を登る重大な契機となった合戦なのである。今回はこの合戦全体を、①播磨侵攻②上月城攻防戦③三木城兵糧攻め④鳥取城兵糧攻め⑤高松城水攻めで構成し、肖像画や古文書・絵図、考古資料などを駆使してその全貌を紹介する。また今回のねらいは、攻めた秀吉だけではなく、迎え討った摂津・播磨・備中などの武将の視点からもこの戦いを描きだす点にある。それによって、秀吉の実像が我々の前にまざまざと浮かび上がってくるだろう。

秀吉の本拠・長浜城と家臣たち

天正元年（一五七三）九月一日、小谷城本丸を織田信長が攻撃し、浅井長政はこれを支えきれず、赤尾屋敷に入って自害した。ここに戦国大名浅井氏が滅亡し、信長は浅井攻めに最も功績のあった羽柴秀吉に、北近江の浅井遺領—坂田・浅井・伊香三郡の大部分を与えて支配させた。秀吉は一躍北近江三郡を領する大名となり、城は小谷城を与えられ、まさに「一国一城」の大名となったのである。その後秀吉は、天正二年頃から、小谷山南西の湖岸沿いにある「今浜」に築城と城下町造成を開始し、天正三年八月以降から年末までに入城したと考えられる。城の工事はその後も続けられ、天正五年（一五七七）四月頃には竣工したと推定される。秀吉は「今浜」を「長浜」と改名し、長浜城内には、天守が建ち、その南には諸御殿があり、秀吉の母や妻「おね」、侍女たちが天正十年六月頃まで暮らしていたと考えられる。

また秀吉が北近江三郡の大名になったことによって、多くの家臣が必要になってゆく。そこで、浅井氏配下の人々が秀吉家臣団に組み込まれていった。

竹生島宝厳寺には、天正四年（一五七六）から天正十六年（一五八八）頃までの秀吉と彼をめぐる人々の奉加の記録「竹生島奉加帳」が現存する。これは、戦乱で荒廃した竹生島寺の堂宇を修理・造営するために、秀吉たちが勧進に応じて金穀の量と名前を記述したものである。この奉加帳は、長浜城時代の秀吉とその家族・侍女そして家臣たちの名が記されているため、長浜城内で居住した人々を知る唯一の資料となっている。

記録にある秀吉の甲冑

秀吉が天下人として活躍した桃山時代は、豪華絢爛なイメージが強く、この時代の美術品は、黄金の印象を強調したものが多いのも事実である。秀吉が用いた甲冑も、彼の黄金好みもあって、豪華なものであったのは間違いない。

秀吉が派手な甲冑を着用したという記録が残っている。天正十二年（一五八四）の「小牧の役」には、「唐冠の冑に孔雀の陣羽織」（『常山紀談』『大川三志』）と記録されている。天正十八年（一五九〇）の小田原合戦には、「唐冠の兜に金小札緋威の鎧、熨斗附の太刀」（『関八州古戦録』）と記述がある。文禄の役には、「美麗言語道断也」とあり、どのような甲冑かは不明であるが、かなり目を引く美々しい軍装であったと推定される。これらの記録から、黄金好みの秀吉は、金小札の甲冑を好んだと推定される。また兜は、唐冠兜を愛用したと考えられる。

秀吉の着用した甲冑は、そのほとんどが大坂城や伏見城の天守閣や櫓に収蔵されていたと考えられる。そして大坂城のものは、大坂夏の陣で焼失したと思われる。これらの甲冑は、当時流行していた「金小札」と推定される。朝鮮出兵に従軍した際の記録である『朝鮮叡泗川陣衆』並びに『鎧毛色附記』に「鎧のさね、金みがき」という表現が随所に見られる。秀吉の子である秀頼も、戦功を上げた家臣に金札の鎧を与えているので（『続武家閑談』）、大坂城内に相当数あったと推定される。

秀吉ゆかりの甲冑

天下を統一し、関白の位にまで昇りつめた秀吉であるが、大坂城で豊臣家が滅亡したため、遺品として伝えられる甲冑は驚くほど少ない。京都東山山麓にあった秀吉の廟所・豊国社に納められていた具足が現存する。現在妙法院に伝わる「金小札色々威二枚胴具足」で、秀吉所用と考えられる。

また、秀吉の正室北政所に養育された木下利次家に伝来した「色々糸威切附札二枚胴具足」は桃山時代具足の優品である。さらに、秀吉から家臣に下賜された伝承のある甲冑も現存している。このうち確実な秀吉の甲冑として、伊達政宗拝領の「銀伊予札白絲素懸威胴丸具足」がある。また秀吉が脇坂安治に贈った「縹糸下散紅威胴丸」は、もともとは兜・袖・籠手などが完備した具足であった伝えている。毛利輝元が拝領した「革包仏二枚胴具足」は、兜が唐冠形である。藤堂高虎が拝領したのも、「黒漆塗唐冠形兜」である。この他に、豊後日出藩木下家伝来の「烏帽子形兜」や「馬藺後立附兜」がある。

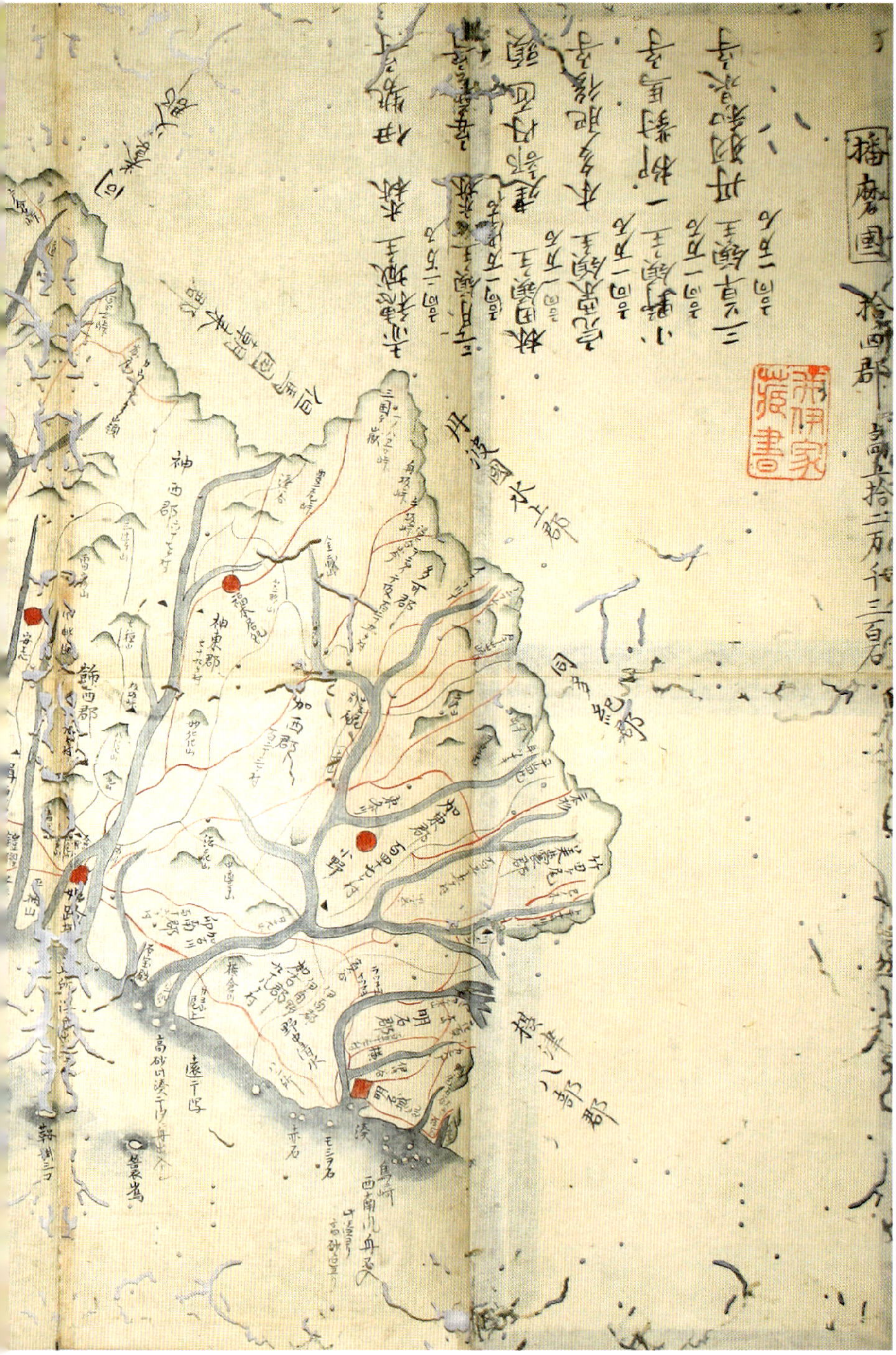

秀吉の中国攻め

① 播磨侵攻

◎13　**播磨国彩色絵図**　彦根城博物館蔵

彦根藩に江戸時代から伝来する絵図である。絵図の上部左側に姫路城主・酒井雅楽頭、明石城主・松平左兵衛督等の墨書があり、右上にも赤穂城主・森伊勢守等の記載がある。酒井雅楽頭は、寛延二年（一七四九）姫路に所領替により移封された酒井忠恭と考えられる。また森伊勢守は森政房（一七一〇〜四六）で、享保十六年（一七三一）伊勢守に叙任する。よって、原本は、十八世紀中頃の制作であろう。

この絵図は、街道と河川・海を中心に描かれている。また山岳地帯の記載もあり、よく見ると、白旗山城地などの記載もあり、興味が尽きない。

14　黒田孝高像　大阪城天守閣蔵

秀吉の播磨攻めに大きな功績のあった黒田（小寺）官兵衛孝高（1546～1604）の肖像画である。黒田孝高は、幼名万吉で官兵衛・勘解由と称し、剃髪して如水軒円清居士と号した。官兵衛は、播磨御着城主・小寺政職に家老として仕えた父・職隆の嫡男で、22歳の時に家督を継ぎ、家老として姫路城を守っていた。天正５年（1577）10月秀吉が播磨攻めの指揮官として播磨に入国すると、秀吉の道案内として播磨国内の諸大名・国人・土豪たちに織田方に味方するよう働きかけた。

黒田孝高の肖像画については、生前の孝高を知る絵師によって描かれたと推定される。また黒田家や崇福寺に伝存する３幅にはいずれも、大徳寺第111世春屋宗園（1529～1611）の賛がある。宗園の『一黙稿』には、孝高の肖像画８幅に賛を書いたことが記されている。また賛を求めた人物は、長男の黒田長政や次男・黒田利則、家老の井上九郎右衛門、黒田半左衛門などゆかりの人物である。これら８幅の肖像画は、菩提所龍光院の造営と３回忌法要に密接に関係していると推定される。

この大阪城天守閣本は、崇福寺本の模写と考えられる。頭に白色の丸頭巾を被り、白い内衣の上に格子模様の小袖を着用し、さらにその上から藍染めの薄物の十徳を羽織る姿で左腕を脇息に置いて寄りかかる。右膝をたてて、扇を持った右手を膝に置いている。狭い額や濃い三日月眉、広い瞼は他の肖像画と共通しており、孝高の容貌の特徴と考えられる。原本と比べて口髭・顎鬚・頬髯が濃く描かれているため、年齢的に若く精悍な印象を与える。左脇には、打刀と合口拵の短刀を掛ける刀掛が置かれている。

15　黒田二十四騎図　大阪城天守閣蔵

黒田藩初代藩主・黒田長政とその功臣二十四人を描いたもの。中央上段に主君・黒田長政を描き、その右下には上から黒田利高・井上之房・栗山利安・後藤基次・久野重勝・野村祐勝・菅正利・村田吉次・竹森次貞・吉田長利・堀定則・林直利の十二人を配置する。左下には、黒田養心入道・黒田直之・毛利友信・小河義利・黒田美作・桐山丹波・野口佐助・益田宗清・衣笠景信・三宅家義・原種良・毛屋武久の十二人も甲冑姿で描写する。黒田二十四騎は、筑前福岡六代藩主黒田継高が、中国の「二十四孝」に因んで、初代長政を援けた功臣二十四人の選定を原種次に命じた。種次は、第一次朝鮮出兵で長政に従い勇名を馳せた二十四人の侍大将を選び略伝をまとめた。黒田長政は、大水牛脇立兜を被るが、この兜を被って第一次朝鮮出兵において奮戦したと伝える。ついで継高は、二十四騎諸将の肖像画製作をお抱え絵師・尾形美淵（洞谷）に命じ、二十四騎画帖が完成した。その後二十四騎図の版画が多数制作され、肉筆画の二十四騎も製作されるようになる。本資料も、そのような過程で制作されたものであろう。

16　黒田孝高夫人（照福院）像　報土寺蔵

黒田孝高は、永禄十年（一五六七）二十二歳の時に、志方城主櫛橋伊定の娘「光姫」と結婚し家督を継いだ。光姫（照福院）（一五五三〜一六二七）は当時十五歳で、官兵衛より体格が大きかったという。関ヶ原合戦では、大坂天満屋敷から脱出し、九州中津へ帰り着いたと伝える。照福院は法号で、一般に雅号「幸圓」で呼ばれるが、本名は「光の方」「光姫」である。

17　**御着城跡出土資料**　姫路市教育委員会蔵

①瓦質香炉　1点　　②瀬戸美濃焼水注　1点
③風炉　1点　　④備前焼茶碗　1点

御着城は播磨守護代・小寺氏の居城である。小寺氏は、播磨守護赤松氏の分家で西播磨の有力国人。室町時代後期の当主である小寺政職（1517～82）に、黒田職隆・孝高父子は仕えていた。政職は、最初織田信長に仕えていたが、天正6年（1578）荒木村重が信長に謀反すると、これに呼応して御着城に籠城した。しかし天正8年織田信忠の攻撃により落城する。政職は、毛利氏の所領に逃亡したという。

城の構造は、本丸・二の丸が東西に並び、外郭は三重～四重の外堀で囲まれ、城下町も郭内に取り込んだ惣構形式であったという。城跡では、昭和52年（1977）度から54年度にかけて発掘調査が行われ、多数の資料が発掘された。これらの資料は、その際に出土したものである。

18　**姫路城跡出土資料**　姫路市教育委員会蔵

①瓦質ミニチュア香炉　1点
②茶入　1点
③備前焼徳利　1点

姫路城では、昭和31年（1956）から足掛け9年間に及ぶ「姫路城昭和の大修理」が行われた。その時大天守の解体修理に伴う天守台発掘調査で、天守の地下から秀吉が築いた天守の礎石が31個発見された。これらの資料は、この秀吉時代の天守跡から出土したものである。

19　**魚住城跡出土資料**　姫路市教育委員会蔵

①軒丸瓦　1点　　②軒平瓦　1点

魚住城跡から出土した資料である。魚住城は、南北朝時代に赤松氏の一族である魚住太夫判官長範によって中尾村に築かれた。天正6年（1578）三木合戦の時、魚住頼治が海辺の要地・西嶋村の岡に城柵を構築し、毛利軍が三木城に兵糧を入れる要地としたのである。天正8年（1580）正月三木城が落城すると、この城も落城した。

この城で兵糧運搬に活躍したのが「卜部太郎兵衛安知」で、間道を使用して三木に運んだという。落城時に、卜部安知は殺されたと伝えている。これらの資料は、いずれも16世紀後半の遺物で、落城年代と一致する。魚住城ゆかりの資料として貴重である。

△20　**薬師如来坐像**　舎那院蔵

秀吉は、天正６年（1578）２月播磨に進軍し、３月６日に書写山円教寺に陣を張っている。本像はこの播磨侵攻時に、秀吉が長浜に運んだと伝える。長浜八幡宮境内にある天満社の社殿はもと薬師堂といい、江戸時代にはこの薬師如来坐像が本尊として祀られていた。頭体の躯幹部は檜の竪一材より彫出し、背面襟下で前後に割り放って内刳りを行い、背板を当て、像底を鑿で浅く刳り上げる。彫眼、像底布張で黒漆塗に元享３年（1323）と正徳４年（1714）の朱漆書の修理銘がある。

近年の研究により、本像は、書写山円教寺根本堂の本尊薬師如来坐像で、書写聖とよばれた「性空」（？～1007）が造像に関与し、寛和２年（986）頃に造立され、翌永延元年の開眼であることが判明した。雅な作風は、10世紀後半の和様への志向を伺わせ、この時期の天台系金色薬師如来坐像の遺例として貴重である

秀吉の中国攻め

①播磨侵攻

天正四年（一五七六）七月十五日に秀吉は長浜城から上洛し、信長から西国方面の境界について厳しく命令され、砦などの普請も命じられた。秀吉が播磨方面の防備を命じられたのは、これが最初と考えられる。

　播磨国飾東（しきとう）郡御着（ごちゃく）城主「小寺政職（こでらまさもと）」の娘婿「小寺職隆（もとたか）」の子「官兵衛孝高」は、信長が台頭すると、父職隆とともに主君・政職に勧めて天正三年（一五七五）十月二十日に上洛し信長と謁見している。またこの時同道したのが、播磨三木城主・別所長治である。天正四年五月十四日に毛利氏の兵船が播磨英賀浦に出撃してきたのを、小寺政職が応戦して打ち破り、官兵衛孝高も戦功をあげている。中国攻めの担当武将として播磨に侵出した秀吉は、姫路城を守っていた小寺孝高を経略の先導として頼ったのである。天正五年七月二十三日に孝高に送った自筆書状では、『其方のき（儀）ハ、我らおとゝ（弟）の小一郎めとうせん（同然）に心やすく存候』と弟小一郎と同様に親身に思うと述べて親愛の情を表している。この信頼に応えて、官兵衛孝高は秀吉の手足となって働くのである。

　天正五年十月二十三日、秀吉は播磨に出陣し、まず小寺孝高の姫路城に入った。ここで播磨国内にて秀吉に味方する諸将から人質を取り、ついで但馬まで兵を進めている。この秀吉の早業に、西播磨の諸城は瞬く間に平定されていった。もちろん織田方に加担するよう官兵衛孝高が播磨の諸大名や国人に働きかけていたのである。

魚住城跡

御着城跡

御着城跡石碑

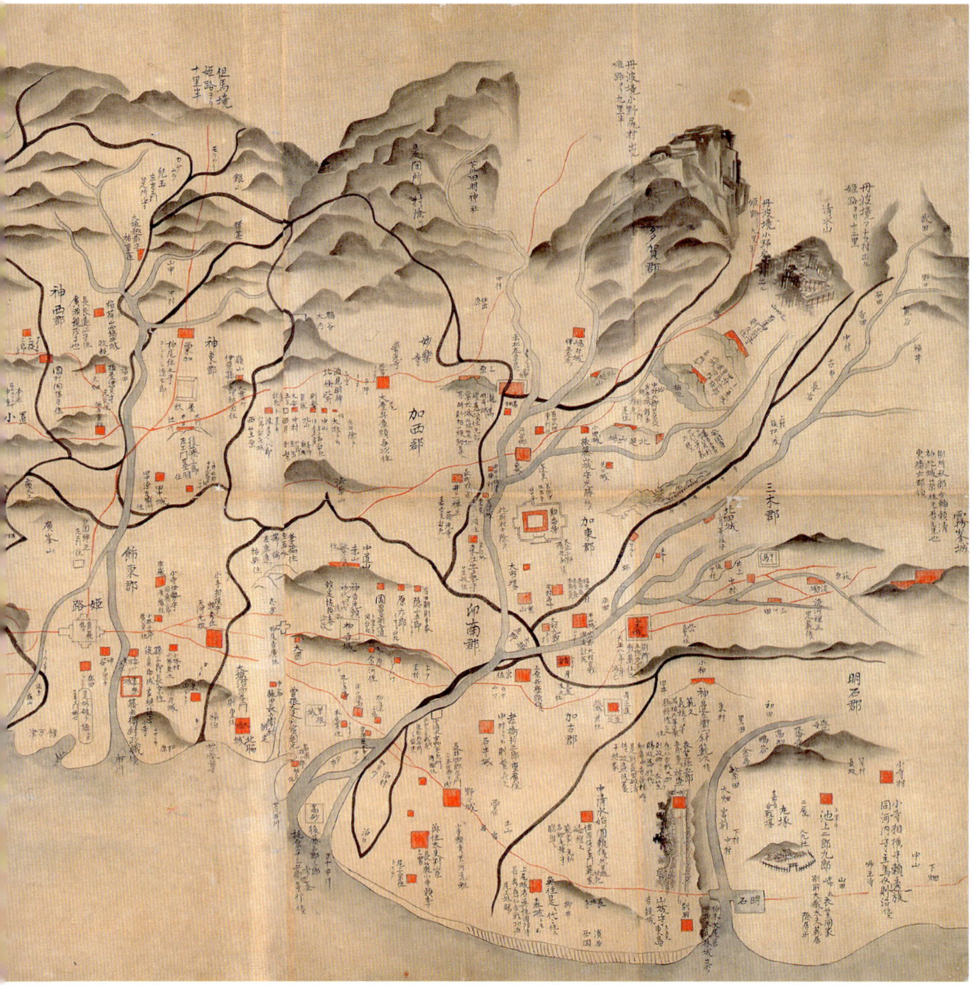

秀吉の中国攻め ② 上月城攻防戦

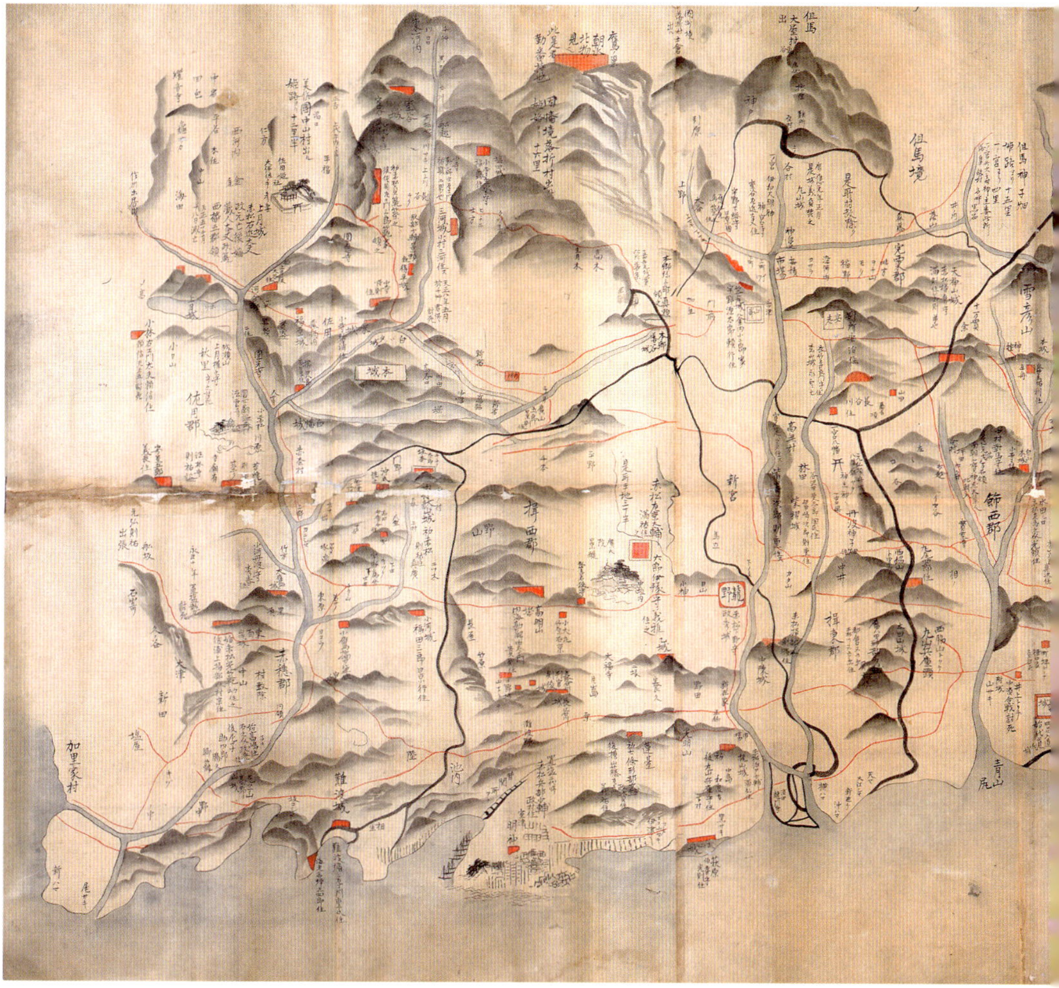

21　**播磨国古城所在図**　姫路市城内図書館蔵

東は明石郡・三木郡の霧峰城から、西は佐用郡の各城までを描いた絵図。それぞれの城は、赤の四角で表し、山城は山上に赤い城の形を描いている。また各城には、城主の名前や討死の年月日まで記載してあるのが本図の特徴である。

向かって左端に描かれた上月城には、初代城主・赤松政元と２代目・赤松政範の名がみえ、「天正５年12月18日滅亡」と記されている。しかし上月城が落城する実際の日は、これより15日早い12月３日である。

←①

④

②（表）

（裏）

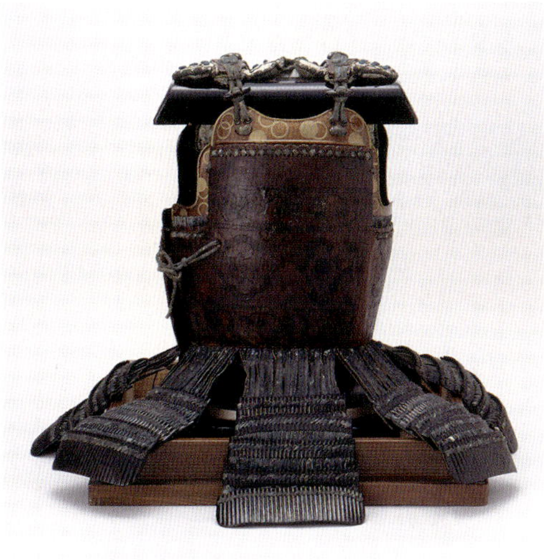

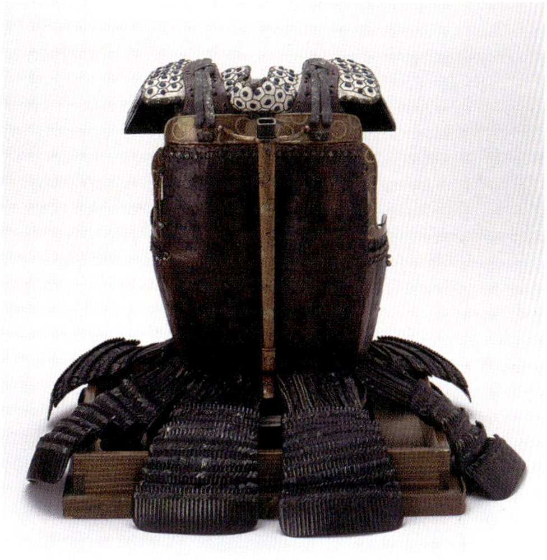

③

□22　**韋包仏二枚胴具足**　山口県立山口博物館蔵

兜は、鉄板５枚で構成された越中頭形兜で黒漆塗となっている。脇に２本角元が立ち、①脇立は銀箔押瓦形である。䡖は、黒漆塗鉄板物五段下りで、藍革毛引威となっている。胴は韋包２枚胴で、梅花牡丹文唐草を沈線彫で表現し、鬼会・脇板・望光板・合当理を金梨地塗にし、寄懸輪違紋を配している。草摺は７間５段下りで、鉄板物の上部を切付札とし、藍革で毛引威とする。②鎖籠手・③板佩楯・④７本篠臑当・兜櫃・具足櫃が付属する。板佩楯にも、金泥で寄懸輪違紋を描いている。尼子氏のしかるべき大将の着領に相応しい、室町時代後期の高級具足である。

毛利氏に仕え、山口市内に在住した尼子氏子孫の佐々木家に伝来し、毛利家に寄贈後、毛利家から山口県立山口博物館に再び寄贈された具足である。

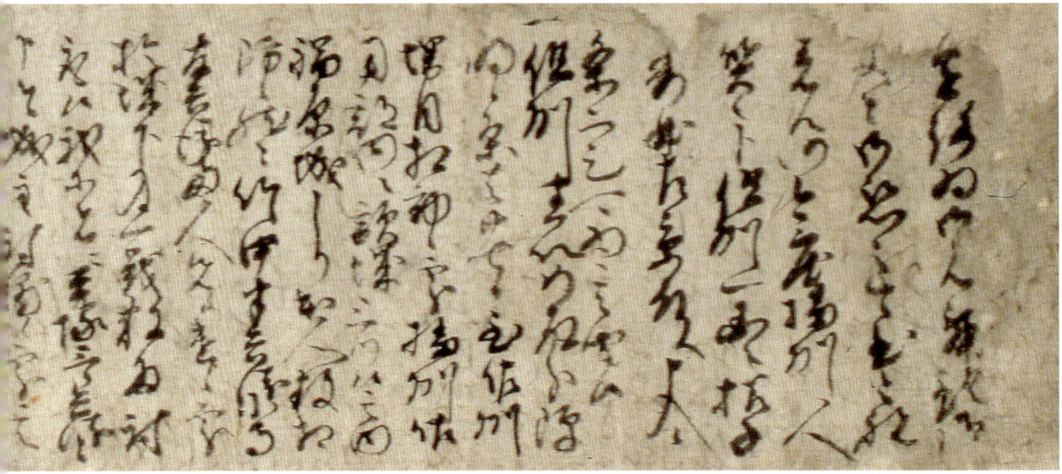

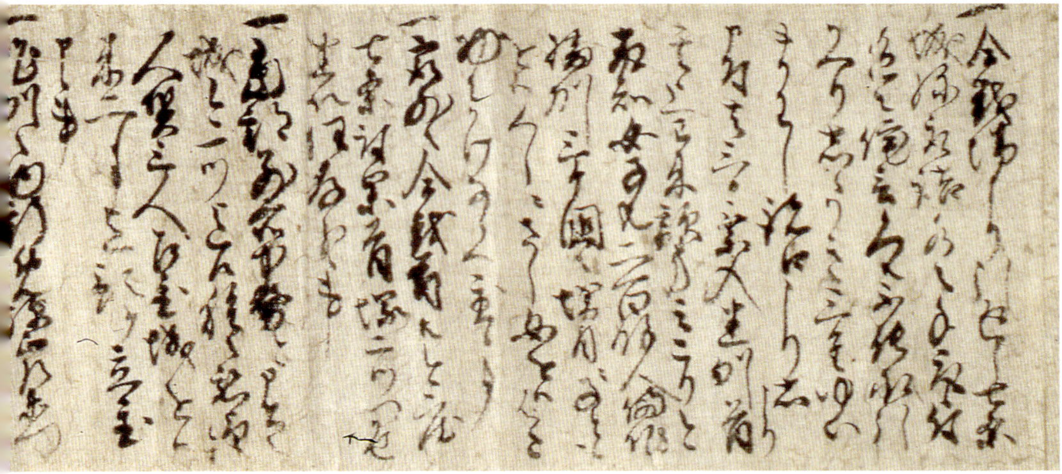

この書状は、下村玄蕃助が上月城包囲中の秀吉に陣中見舞の使者を贈ったことに対する返書である。切紙を巻子装にしている。上月落城２日後に出されたため、佐用郡内の城攻めの様子などが詳細に記録されている。攻防戦では、備前の宇喜多直家が城を救うために出陣してきたが、これを打ち破り首級619を上げたという。特に上月城（七条城）攻めは詳細である。「水之手」（水源）をたってから、三重猪垣を結いめぐらして包囲し、諸方から攻め込んで、城兵の首をことごとく刎ねたと言う。敵へのみせしめに、城内に残った女・子供200余人を備前・美作・播磨の３ヶ国の国堺付近で、子供は串指にして、女は磔にして処刑し、国境に立て並べたという。

後年の「秀次事件」にみられる、秀吉の残酷な一面がよく伺える。

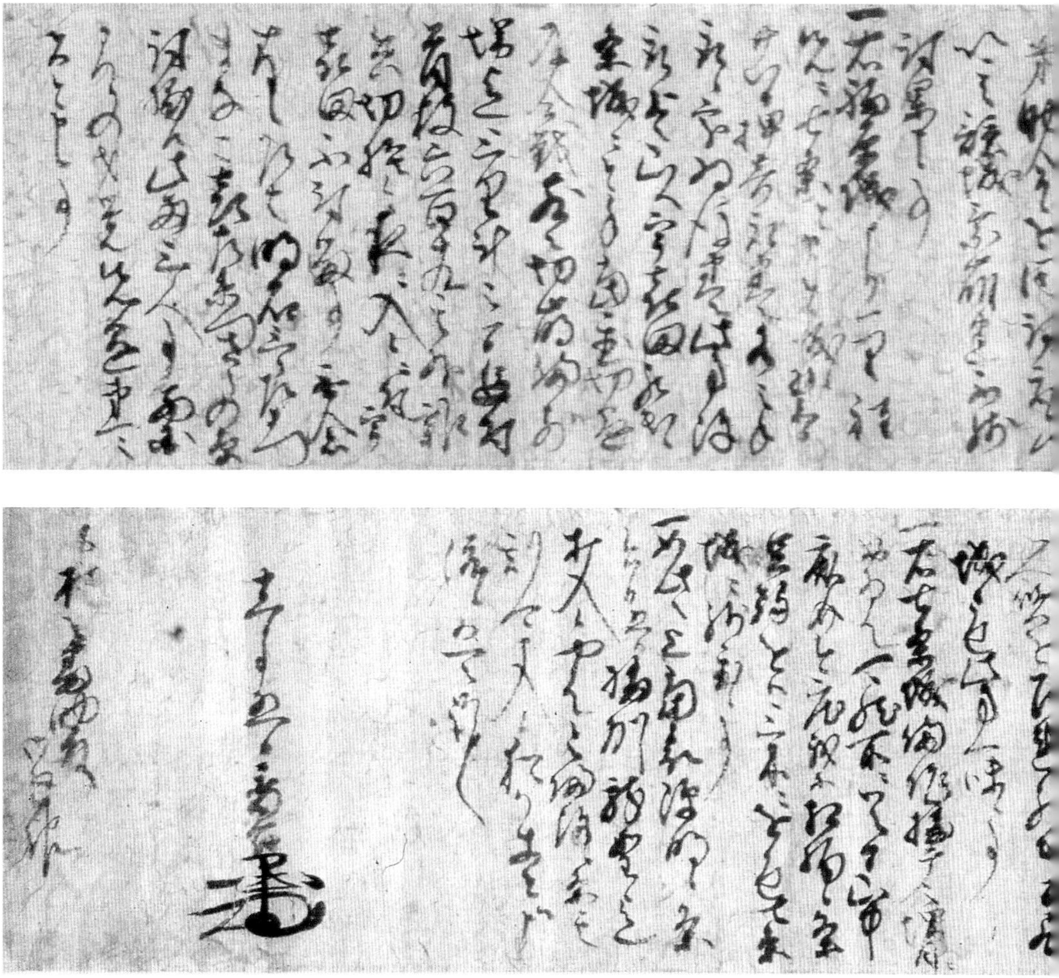

△23　羽柴秀吉書状　下村玄蕃助宛　一般財団法人下郷共済会蔵

秀吉は、天正５年(1577) 10月播磨に出陣すると、姫路城に入って播磨の諸城主から人質を取り服属を誓わせた。しかし備前・美作の国境に近い佐用郡には、毛利氏の威力が浸透していたため上月城(七条城)主・赤松政範、福原城主・福原助就らは、容易には帰順しなかった。このため秀吉は、福原城を竹中半兵衛重治と小寺官兵衛孝高に攻めさせ、秀吉の本隊は上月城を包囲した。福原城は11月27日に落城したが、この戦いで、半兵衛と官兵衛は先陣を務めて素晴らしい軍功をあげ、織田信長から感状をもらっている。上月城を包囲する秀吉軍は、上月城救援に駆け付けた宇喜多直家の軍を撃退し、12月３日城を攻め落し、守将赤松政範は自刃した。秀吉は、上月城には尼子勝久を擁する山中鹿介幸盛を入れて守らせ、尼子主従の足弱(女・子供・老人)を人質として三木城に置いた。そして、５日には龍野へ入っている。

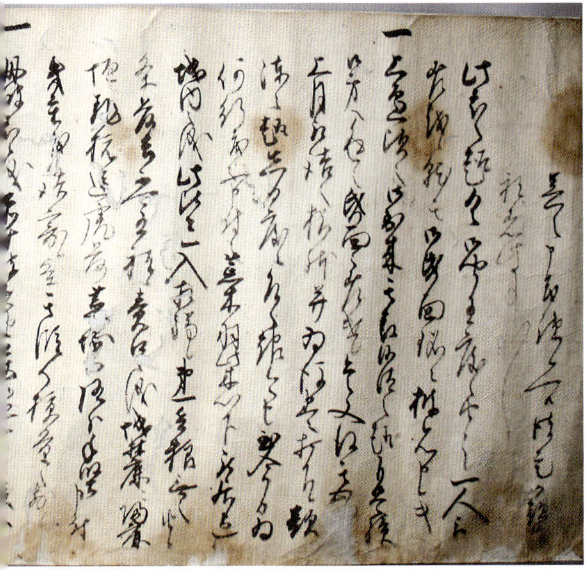

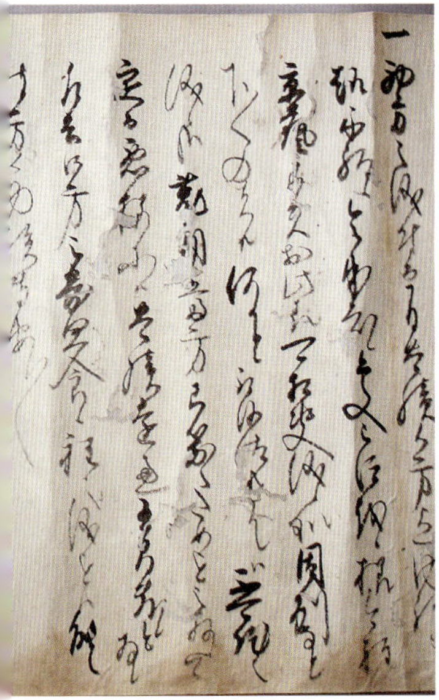

△24　吉川元春書状　古志重信宛　個人蔵

吉川元春が、出雲国神門郡出身の土豪・古志重信に出した書状である。天正４年(1576)・毛利氏が足利義照を鞆の浦に迎えて以降、織田信長と毛利氏は全面戦争に突入した。この書状は、この時期の戦況や前線の様子を書き送ったものである。元春は、尼子勝久・山中幸盛の守る上月城を包囲中で、古志重信は但馬国内で調略や戦闘に明け暮れていた。上月城は落城寸前で城内には兵糧が全くないことが述べられる。毛利氏の包囲には、帰鹿垣・乱杭・逆虎落・荒堀が幾重にも巡らされ、包囲の厳重さがうかがえる。また、出石の但馬国守護・山名祐豊が毛利・織田のいずれに味方するか迷っていることが記されている。太田垣輝延などが毛利氏への内応を仄めかしていることなどが述べられている。さらに古志重信が、摂津の荒木村重の寝返りなどを調略していることが記されていて注目される。毛利方の武将・吉川元春の実感がこもる書状である。

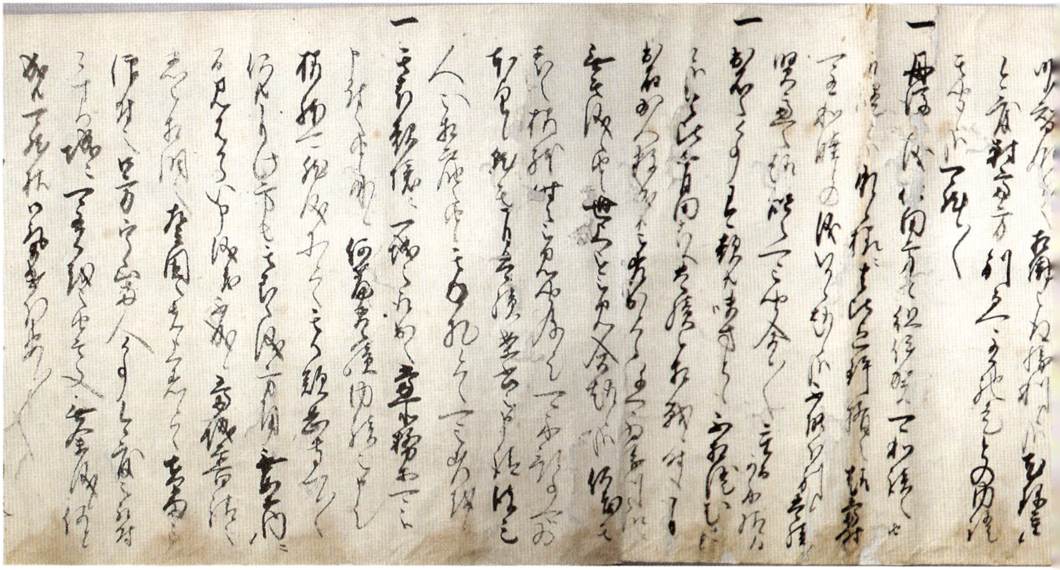

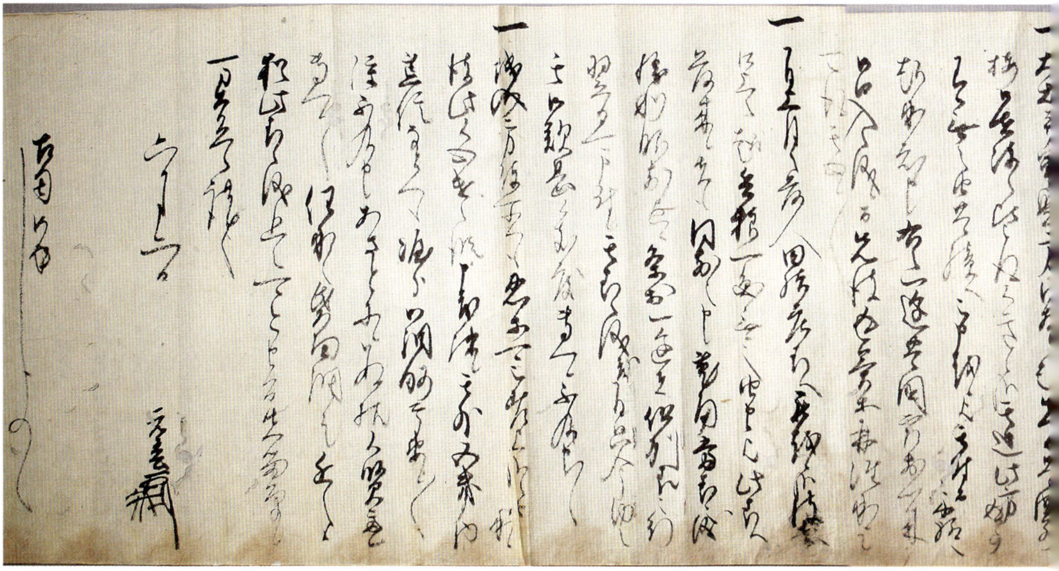

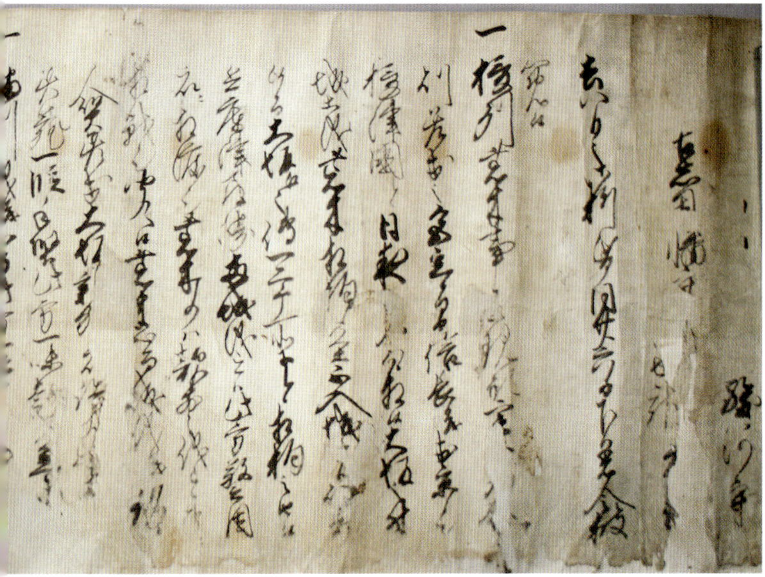

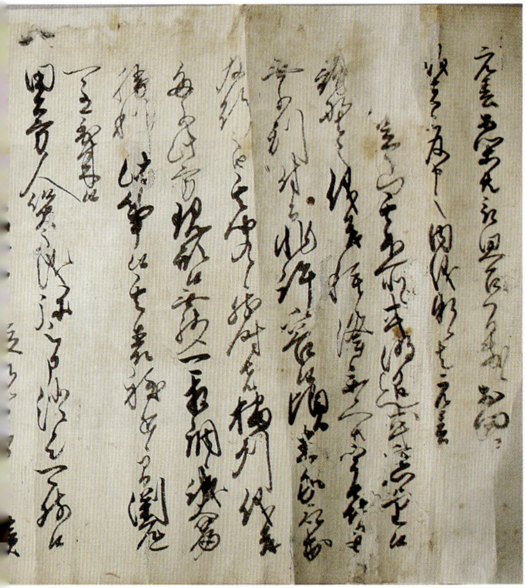

△25　吉川元春書状　古志重信宛　個人蔵

毛利氏の本拠・安芸国吉田にいた吉川元春から、但馬国内で活動中の古志重信へ送られた長文の書状である。別所長治に続いて、摂津国の荒木村重が信長に反旗を翻した。村重は、これまで守っていた大坂本願寺への付城を破却し、兵庫津・尼崎両城を毛利氏警固衆へ引き渡した。荒木氏配下の出城の武将も人質を出し、播磨国御着城の小寺政職も毛利方へ寝返った。龍野城の赤松広秀の降伏については、宇喜多直家の無分別な反対で実現しなかったという。

また九州における島津氏と大友氏の「耳川合戦」について記し、反織田勢の東西方面での大勝利を報じている。織田軍の攻撃を前に、必死に反転攻勢にでようとする当事者として大変興味深い。なおこの書状は、昭和４年（1929）６月に裏打ちした際、別の吉川元長書状の一部が第二紙の部分に誤って差し込まれている。

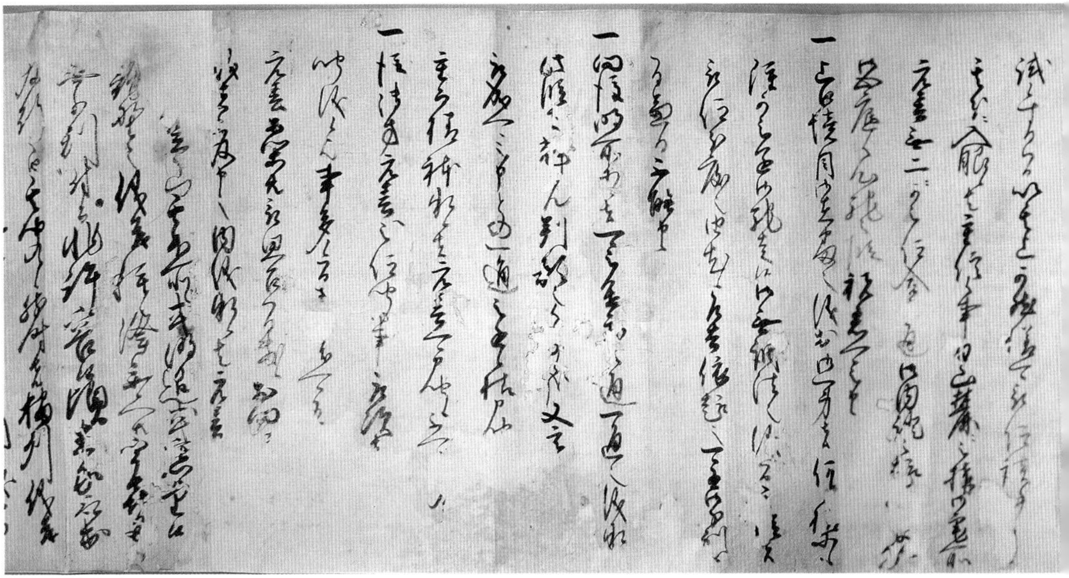

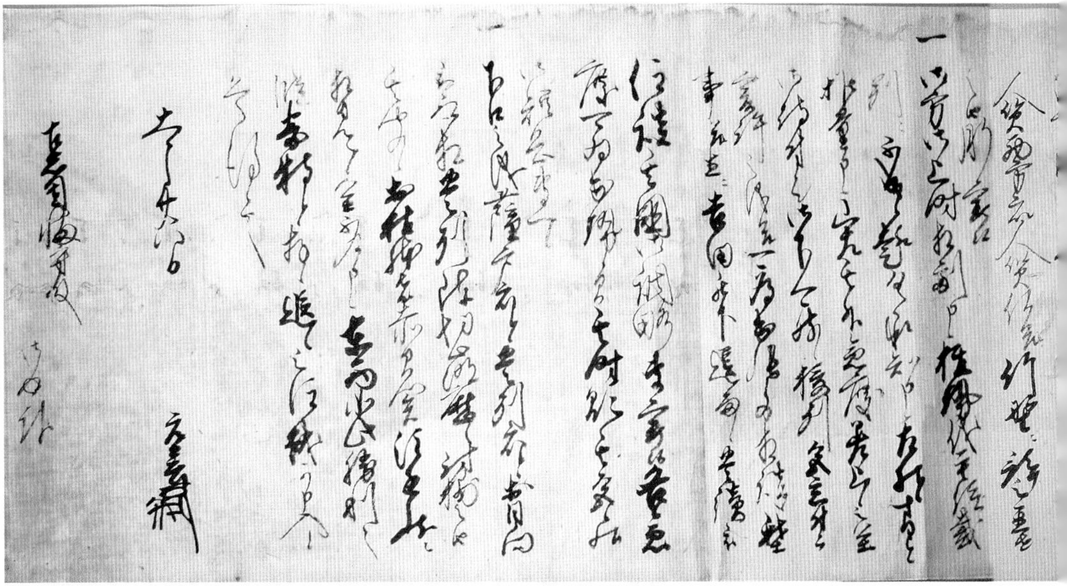

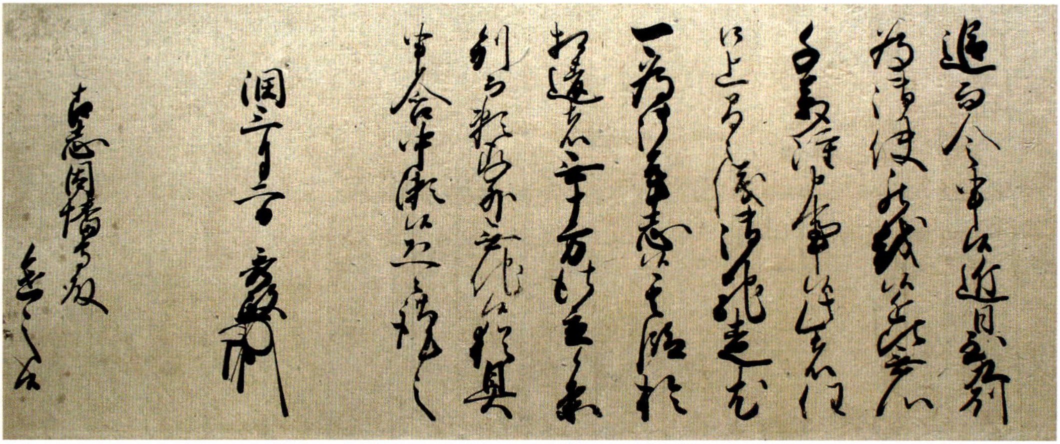

△ 26　**上野秀政書状　古志重信宛**　出雲弥生の森博物館蔵

足利義昭の近臣・上野秀政が古志重信に送った書状である。秀政は、陣中見舞いとして重信に「太刀一腰」と「鐙一対」を贈っている。追而書の「先年於本国寺、御忠義」は、永禄 12 年（1569）正月 5 日に、足利義昭が宿舎の本国寺を三好長逸等三人衆に包囲攻撃されたことを指す。この時古志重信は在京し、義昭の家臣として三好三人衆と戦っている。

その後古志重信は、永禄 12 年 6 月尼子勝久に属し出雲国へ乱入する。

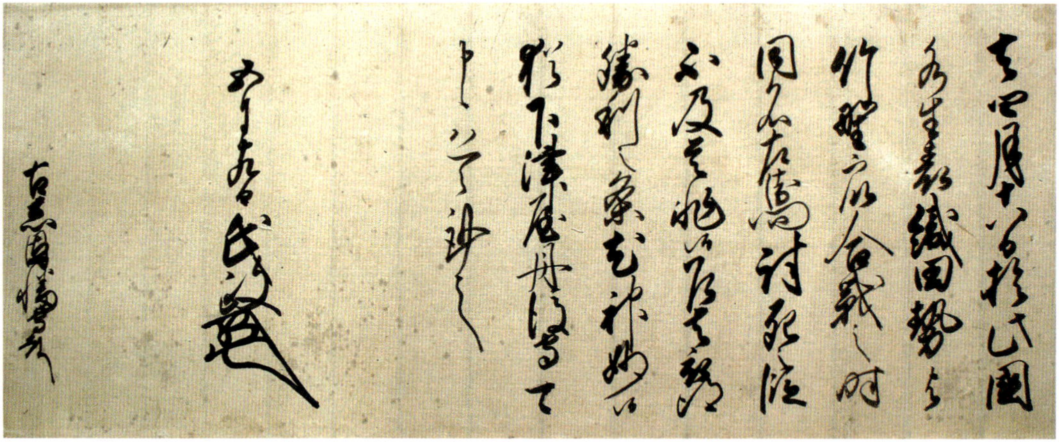

△ 27　**山名氏政書状　古志重信宛**　出雲弥生の森博物館蔵

天正 8 年（1580）5 月 19 日に但馬国守護・山名氏政が古志重信に送った書状である。この書状が出された前後に、山名氏は秀吉の実弟・秀長と宮部継潤によって本拠・出石城を追われている。文中にある「水生表」の合戦は、水生城（兵庫県豊岡市）付近で羽柴秀長・宮部継潤の織田方と垣屋豊続の竹野衆が戦ったもの。この合戦で、古志重信の一族古志佐衛門尉が戦死したことがわかる。

古志氏は、混乱する但馬国内に留まり戦闘を続けていたが、秀長の但馬制圧によって 5 月下旬以降には出雲国神門郡内に帰還したと考えられる。

秀吉の中国攻め　②
上月城攻防戦

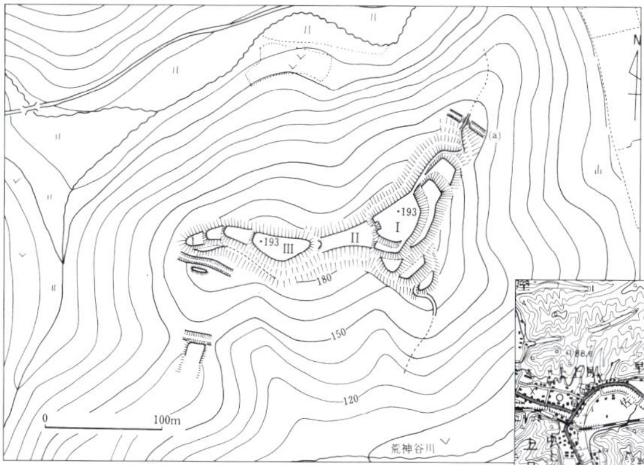

上月城要図（中井均氏作図）

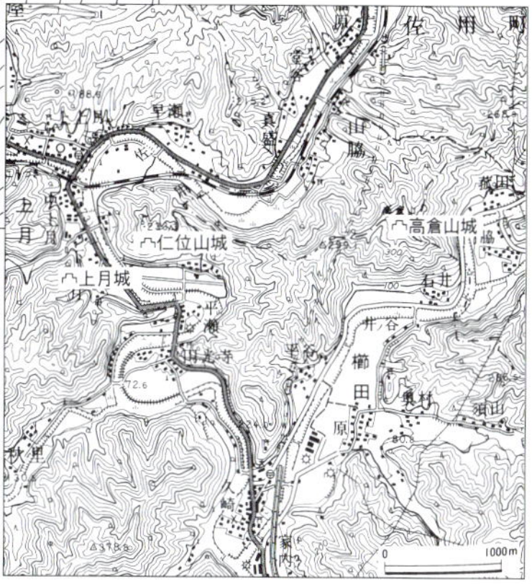

上月城付近

上月城空撮東から（佐用町教育委員会提供）

西播磨の諸城が降伏するなかで、備前岡山城主宇喜多直家と結ぶ佐用郡の上月城（兵庫県佐用郡上月町）・福原城は容易に服さなかった。そこで秀吉は、自ら兵を率いて上月城を包囲し、三重猪垣を巡らし、諸方から攻め込んだ。支城福原城は十一月二十七日に落城し、本城上月城は、十二月三日城将赤松政範が自刃し落城した。この時城へ援軍を送ろうとした宇喜多直家軍と秀吉軍の遭遇戦は激しい合戦で、宇喜多勢は六百十九もの首を討ち取られ、今でも残る小字「戦」という地名が激戦を物語っている。

そして秀吉は、上月城に尼子勝久と山中鹿之介幸盛など尼子党を入れて守らせた。しかし宇喜多直家の反撃によって、尼子主従は姫路に退却した。直家は、上月に赤松一族の上月十郎景貞を城番として入れる。三月秀吉は、再び上月城を攻撃し上月景貞を斬り、再び尼子主従に守備させた。そして秀吉は、反旗を翻して毛利方に寝返った別所長治を三木城において攻撃していた。

上月城主郭碑
（佐用町教育委員会提供）

しかし四月中旬には毛利の大軍に包囲されていた上月城を救うため、五月四日には陣を高倉山に移した。しかし信長は、三木城攻略を第一にせよと命じ、神吉（かんき）・志方二城の攻略を命じた。ついで六月二十一日、毛利勢と秀吉軍が上月城下で戦い、秀吉が敗れる。ついに秀吉は、やむをえず陣を書写山に移し、尼子主従を見捨てる結果となる。

秀吉に見放された上月城は、毛利勢の攻撃を支えきれず、ついに七月五日尼子勝久は自害する。山中幸盛も捕虜となり、毛利輝元のもとに護送される途中の同月十七日に備中合の渡（岡山県高梁市落合町阿部）で殺害された。かくて山陰の名族尼子氏再興の夢は、ここにおいて完全についえた。

上月城は、前後約百三十年の間に五回も落城を繰り返した悲劇の城である。なかでも赤松政範と秀吉の攻防戦は、毛利勢の援軍も加わり稀な激戦となったのである。そのなかで、落城後の落人に加えた秀吉の行為がこの地で有名である。秀吉は「女子供二百余人、備前・美作・播磨三ケ国の堺目に、子をば串に刺し、女をばはた物（磔）にかけ並べ置候事」と述べている。秀吉の残虐な一面が良く伺える。

上月城主郭（佐用町教育委員会提供）

福原城遠景南東から
（佐用町教育委員会提供）

福原城霊社
（佐用町教育委員会提供）

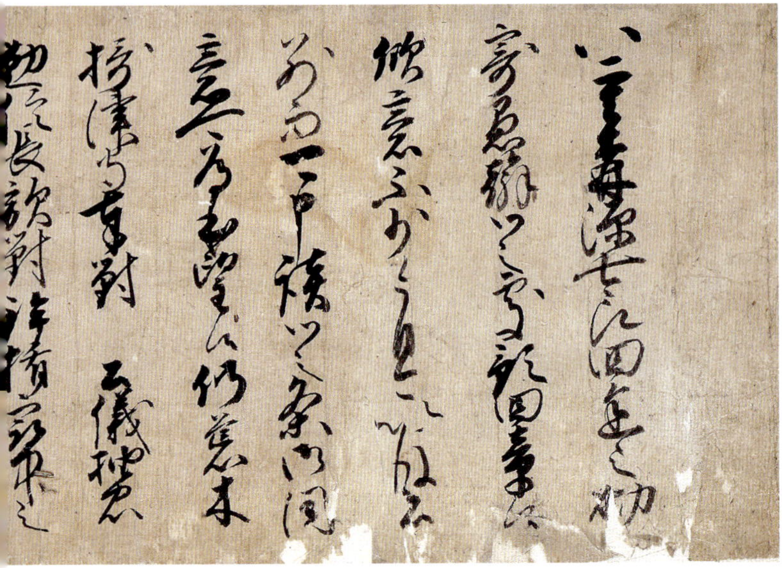

ようもない素晴らしいことだと喜んでいる。またこの好機に義昭の上洛を実現するよう、輝元が軍事行動をおこすよう焚きつけている。この当時足利義昭は、毛利氏に庇護され備後国鞆（広島県福山市）に滞在していた。

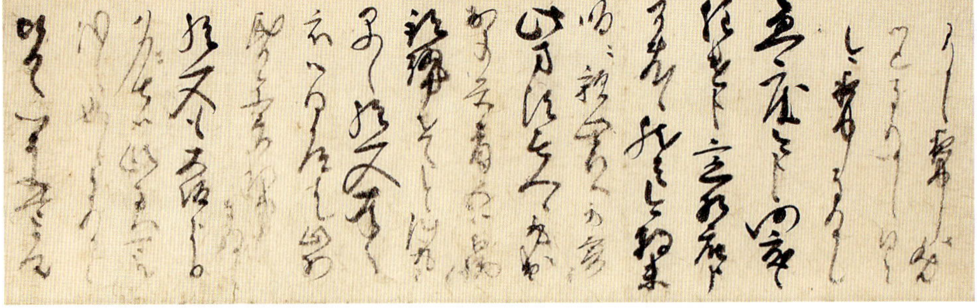

この書状は、村重が同盟して織田方と戦っている紀州の本願寺門徒・雑賀衆へ書き送ったものである。今朝未明に尼崎城を攻撃してきた織田軍を、城内の軍勢が少ないながらも迎撃し、首五つを上げたと記している。そして援軍の派遣を懇願している。

秀吉の中国攻め

③ 有岡城攻め

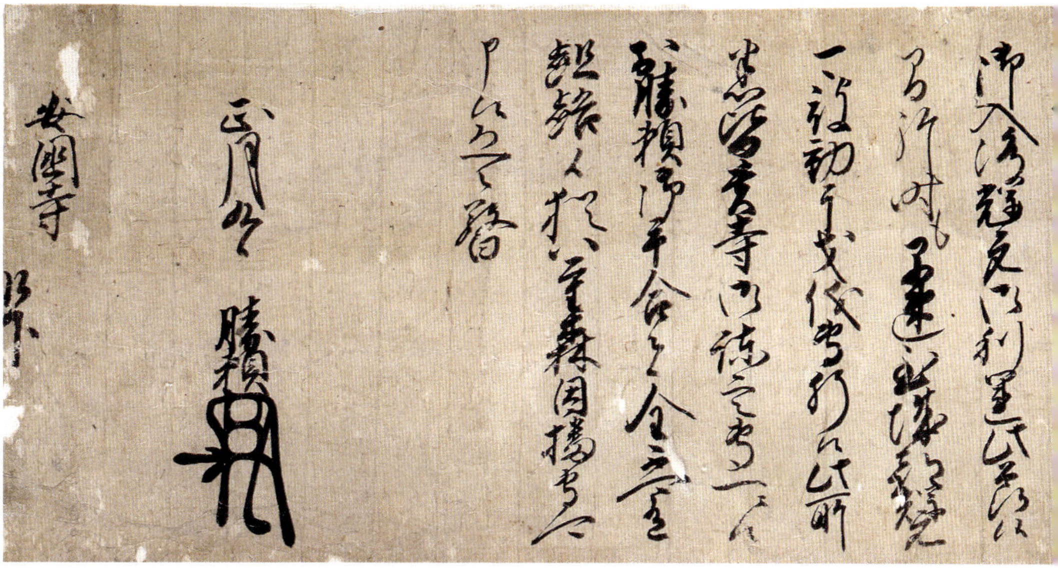

28　武田勝頼書状　安国寺恵瓊宛　大阪城天守閣蔵

武田勝頼（1546 ～ 82）は、甲斐国の武田信玄の四男。永禄８年（1565）長男の謀反事件により俄に嗣子となる。天正元年（1573）西上作戦の途中で信玄が病没すると、勝頼は甲斐に帰陣し家督を継承した。勝頼は信玄の政策を引き継ぎ、東美濃・奥三河に再三出兵する。この書状は、勝頼が天正７年（1579）正月、西国の毛利輝元の使僧（外交僧）安国寺恵瓊に送ったもの。荒木村重が将軍足利義昭（公儀）への忠勤を示し、信長に反旗を翻して交戦中とのことは、比べ

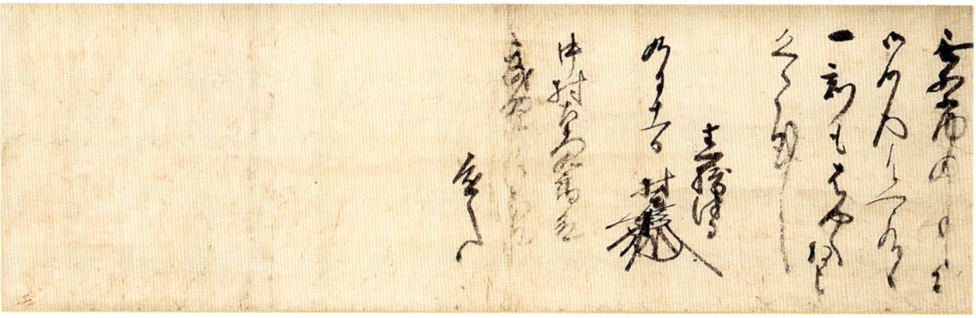

29　荒木村重書状　中村左衛門九郎等宛　伊丹市立博物館蔵

天正６年（1578）10 月荒木村重は、足利義昭・毛利氏・本願寺と通謀して摂津有岡城に籠城、それは 11ヶ月にまで及んだ。包囲する織田軍も攻略する決手がなく、攻めあぐんだ。しかし封鎖された荒木村重も、頼みにしていた毛利方等からの援軍が得られず次第に消耗してゆく。この膠着状態を打開しようと、９月２日村重はわずかな近習を従え有岡城を脱出し、長男村次の守る尼崎城に入った。

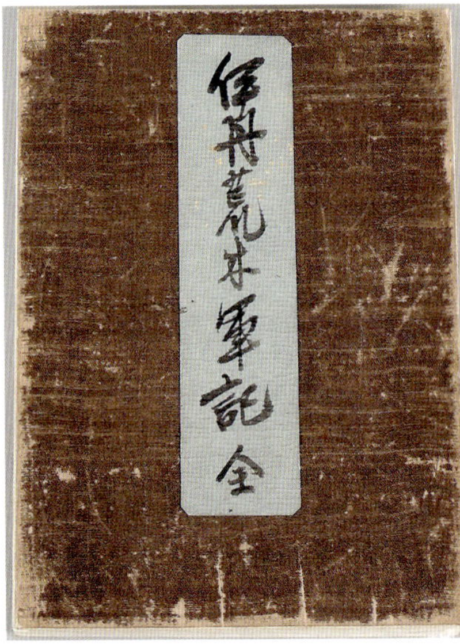

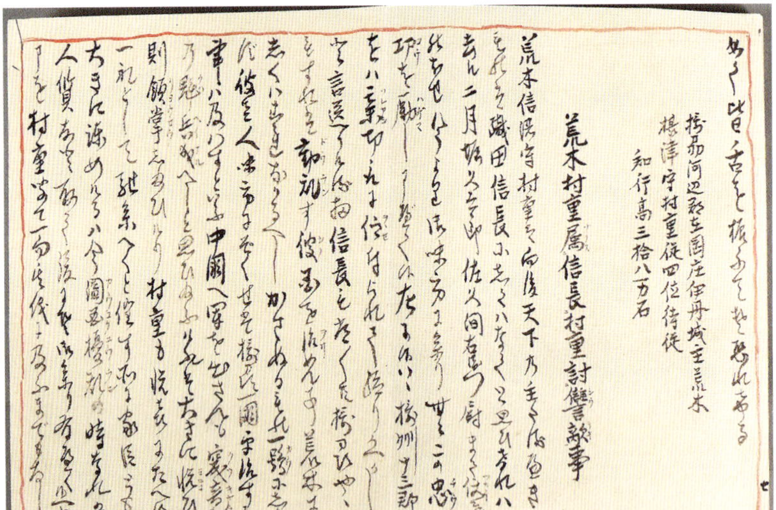

30　伊丹荒木軍記　伊丹市立博物館蔵

幕末・元治２年（1865）に伊丹の俳人である梶曲阜（かじきょくふ）が著作したもの。荒木村重の出自から織田信長への接近、摂津支配・播磨攻めと信長への反逆、有岡城攻め・有岡城落城等を記述し、最後に梶曲阜の論評（「上臈塚昭顔斎愚安評」）を加える。

ただし、村重の出自から落城までの軍記部分は、戦国時代から安土桃山時代の毛利氏の攻防を記した軍記『陰徳太平記』【香川正矩著・正徳２年（1712）刊】の抜粋・抜書である。付属の絵図は、天正６年（1578）の村重方の配陣を示している。嫡子・村次が守る尼崎城、中川清秀の茨木城、従兄弟の荒木村正の花熊城、三田城に荒木重堅、能勢城に能勢十郎などが守備していた。

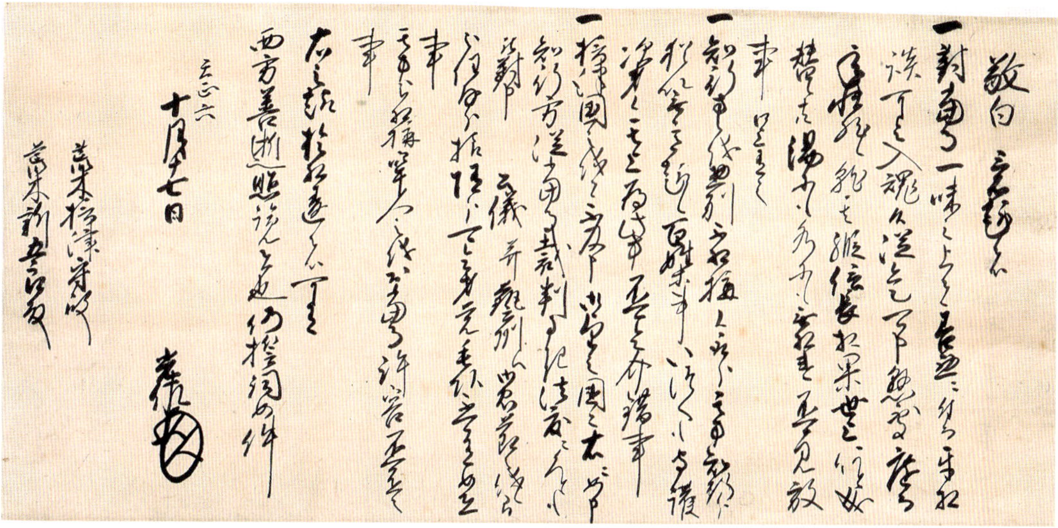

31　本願寺光佐起請文　荒木村重等宛　京都大学総合博物館蔵

天正６年（1578）10月、本願寺11世・顕如光佐は、信長に謀反した荒木村重・村次父子に起請文を与えた。第１条では、「たとえ信長が死去し世の趨勢が変わってもこの盟約を維持すること」、第２条で、「村重が支配する摂津国内の領地や百姓について本願寺が干渉しないこと」、第３条では、「摂津国内は言うに及ばず、他国で新たな知行を望む場合は、本願寺が将軍足利義昭や毛利家へ口添えの労を惜しまないこと」を、阿弥陀如来（西方善逝）にかけて誓約している。

織田信長は、荒木村重謀反の噂を聞いて、10月下旬に詰問使を派遣し糾明する。村重は事実無根と否定するが、本文書によって村重がこの時には謀反していることが判明する。

①

②

32　有岡城跡出土資料　伊丹市立博物館蔵

①軒丸瓦　1点　　②軒平瓦　1点

天正２年（1574）11月、荒木村重は摂津国伊丹城に拠っていた伊丹親興を攻め滅ぼした。そして村重は、伊丹を有岡城と改名し、摂津支配の拠点として整備し城下町を造成した。村重の謀叛後、落城した城は池田元助に与えられ、再び伊丹城と名付けられる。

これらの瓦は、いずれも城の主郭部の発掘調査で出土したもの。天正期前半頃の資料で、いずれも火災を受けた痕跡があり、焼打ちにされた可能性が高い。

城の主郭部は、国鉄伊丹駅舎の建設により破壊された。しかし昭和50年代の駅周辺整備事業により、５次にわたる発掘調査が実施された。これによって、石垣や堀が出土し、石垣は現地保存されている。

有岡城跡石碑

有岡城跡礎石建物跡

Ⓡ33　**別所長治像**　兵庫県立歴史博物館蔵

本像は、斜め右を向き、折烏帽子をかぶり、大きく三巴紋をあしらった直垂をつけ、右手に広げた扇子を持ち上畳に坐す姿に描いている。左手は、腰に指した合口拵の打刀の柄に指を添えている。柄は、鮫革巻で目貫金具が見え、鞘は金梨地となり、鞘の栗形に通す下げ緒は朱色である。

長治の容貌は端正で、23歳で没した青年武将の凛然とした様子がよく伺える。狩野秀信筆と伝え、夫人像と対幅になっている。原本は三木市法界寺蔵。

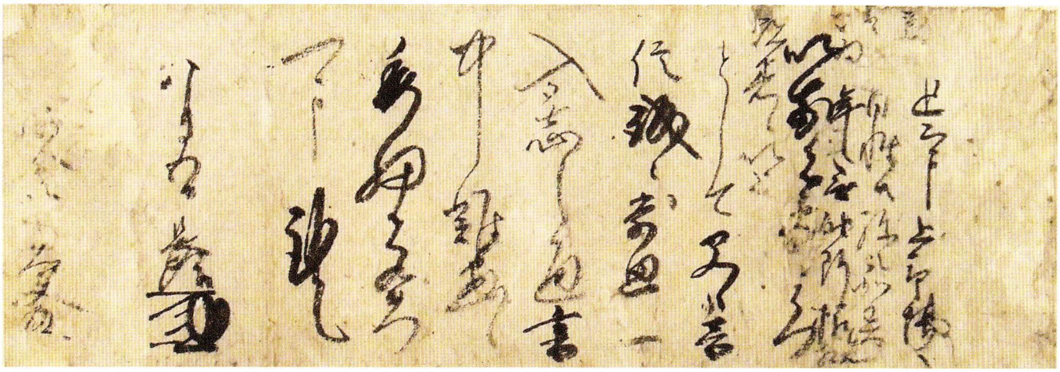

34　別所長治書状　河合□□大夫宛　大阪城天守閣蔵

別所長治が「河合□□大夫」（□は判読不明）へ送った書状である。「□右衛門を使者として早々に手紙を持って来られたが、書状ではなかなか言い表すことが出来ないので、詳細は使者の九郎右衛門が述べます」と書き送っている。また追伸で、上市場へ百姓が異議を申し立てているので、油断のないよう申し送っている。ただ、別所長治の他の書状と比較検討すると、この書状にある花押の類例がなく判断が難しい。

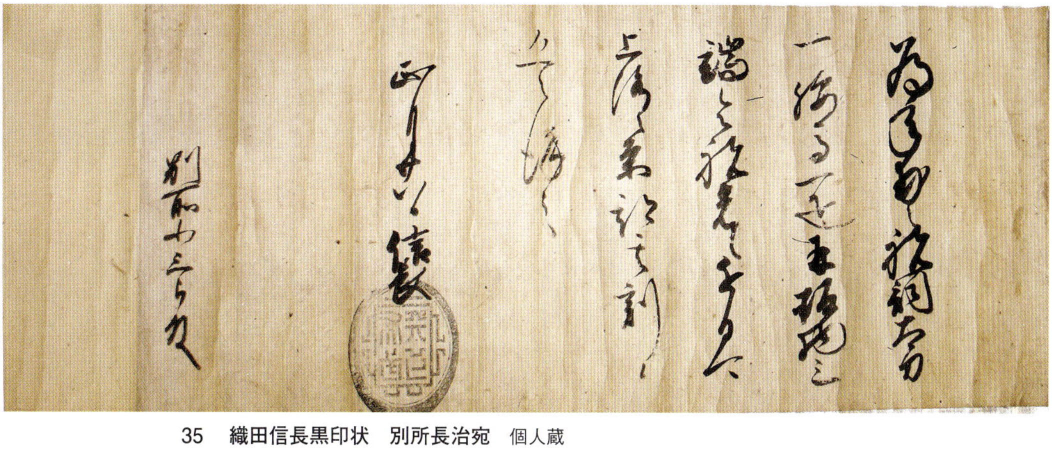

35　織田信長黒印状　別所長治宛　個人蔵

年始の祝賀として、別所長治から太刀１腰と馬１疋、絹織物（板を芯に平たく畳んだ絹織物）３反を贈られた際の織田信長の礼状である。別所長治の子「小太郎」（当時三歳）が、三木城脱出時に、父から与えられたものという。この他に大日如来坐像・鎗（三条宗近作）・太刀（来国光作）・馬具等が贈られたと伝える。ただし『信長公記』『別所長治記』などでは、長治遺児の三木城脱出の記事はなく、長治は落城切腹の際に妻子を刺殺したことになっている。

36　**大日如来坐像**　個人蔵

厨子に入った小金銅仏である。頭には螺髪を刻み、偏袒に大衣を着し、右肩を裸袒とし、右足を外にして結跏趺坐して台座上に坐す。腹前で智拳印を結ぶ。伝来した当家の伝承では、閻浮檀金の大日如来という。一般的な大日如来は、髻を結いあげ条帛・裳を着す菩薩形を示すが、本像は如来通例の姿をしている所に特色がある。閻浮檀金は、閻浮樹の森を流れる川の底から採れる赤黄色の良質の砂金のことである。

別所長治の所持していた金銅仏で、落城の時に城を脱出する長治の子・小太郎に与えられたものという。

37　輪宝三巴文螺鈿軍陣鞍　個人蔵

前輪の前面と後輪の後面と居木先に、青貝で小さな三巴紋を散らして地の装飾とし、前輪と後輪の高い磯部に青貝で大きく輪宝紋を配し散らす。前輪の後面と後輪の全面にも、青貝で唐草を表現する豪華な鞍である。居木は黒漆塗。三巴紋は、別所氏の家紋であり、輪宝は邪悪を打ち破る密教法具である。別所氏が密教を信奉したのかは不明であるが、三木城主別所氏に相応しい鞍といえるだろう。当家には、この他に黒漆塗軍陣鞍が伝来し、また天文７年（1538）の銘がある「蒔絵桜花文南蛮人絵鞍」（神戸市立博物館蔵）も伝来していた。

38　鉄鐙　個人蔵

鐙は、足踏の意味で、鞍の両側にさげて騎乗者の足をふみかける馬具である。この鉄鐙は、鉄製で幅があり肉も厚くなっている。形式から舌長鐙である。武骨な姿の実用的な鐙で、鍛えの良い鉄錆地を見せている。渡り上部に「子」の刻印がある。

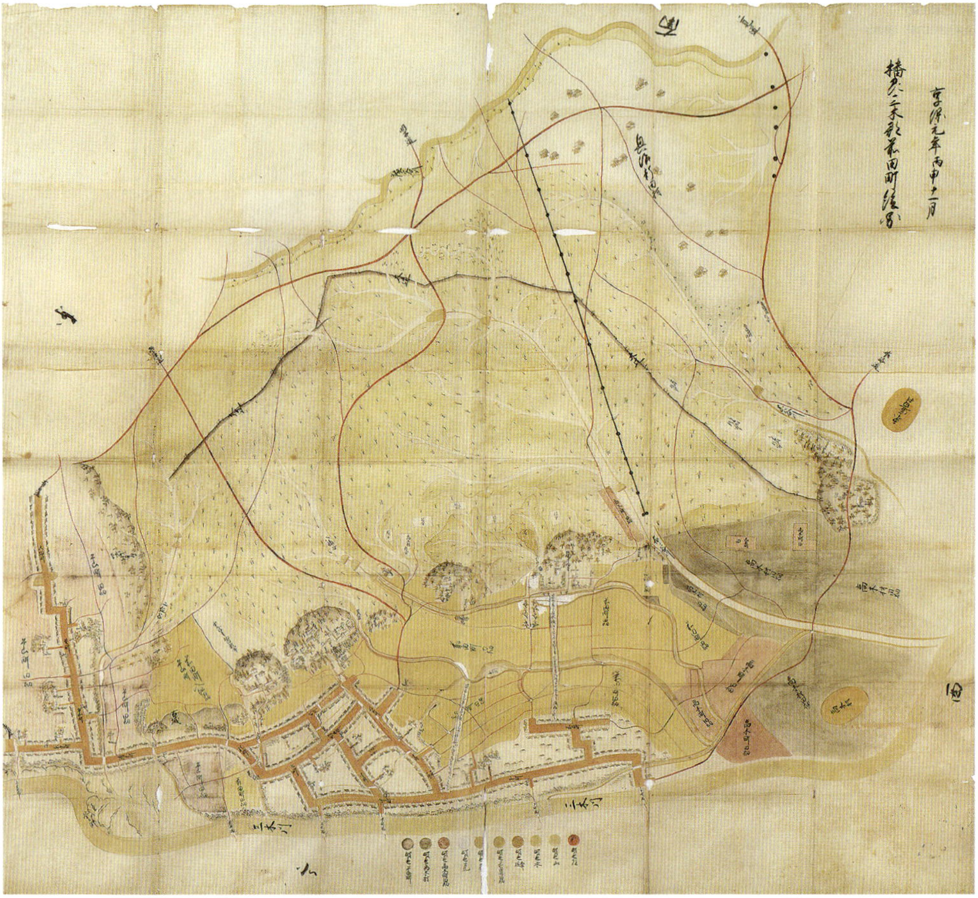

39　播州三木郡前田町絵図　三木市蔵

江戸時代の延宝年間（1673～81）の三木町の地方町編成替えにより、下町南側の町が「前田町」となった。慶長国絵図には、前田村と記載される。地方町とは、町方町に居住する町人の耕作地が周辺の村方より分離されて成立したものである。延宝年間以前は三木中嶋村の一部として扱われていた。この絵図は、三木町の地方町の一つである、前田町の場所を明確にするため描かれた絵図である。絵図の下方には、有馬街道沿いに発達した三木町を描き、三木城跡は「古城」と表現される。上町の突き当たりには、高札場が設けられている。また各町には、番所と考えられる符号が記され、町自治の一環として警察的機能があった可能性がある。

40　羽柴秀吉・別所長治対陣図　三木市蔵

別所長治の籠城する三木城と、秀吉方の附城の位置、守備する武将の名を記した絵図である。中央に三木城と城下町、蛇行する三木川（美嚢川）を描き、対する平井山に秀吉本陣が活写されている。周辺の寺院や神社もかなり詳細に記述している。さらにその外側には、淡河城・端谷城・野口城・神吉城・志方城が配置され、「別所方与力」と記され、別所方の支城であることを示している。

注目すべきは、ほぼ長方形に描かれた２つの城下町で、大塚町・長慶町・平田町・大村町のなどの町名が記されている。三木の城下町については、町が焼打ちにあい、戦後秀吉の制札が町に掲げられるなど、存在していたことは確実であるが、その姿は明らかではない。よって、本図は後年の制作ではあるが、注目される貴重な資料である。もと志染町三津田村上家に伝来した絵図である。

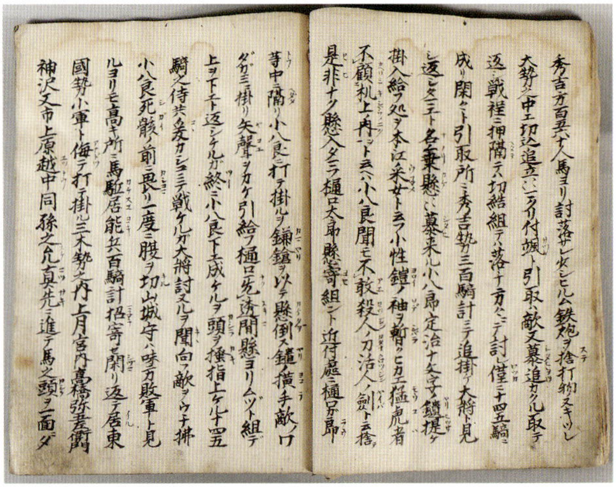

41　別所記　三木市立図書館蔵

三木城合戦を記した合戦記である『別所長治記』の写本である。『別所長治記』の筆者は、別所氏譜代で後に美作国に隠退した来野弥一右衛門と言われ、天正８年（1580）正月の三木落城後あまり日時を隔てずに成立したと考えられる。この資料は、享保８年（1723）に、三木城周辺の十二村百姓を助けたので、その恩を末代まで忘れないように『別所記』を書写したと奥書に記している。落城後 143 年を経ても、先祖が別所長治と共に苦しい戦いに参加した誇りが、三木周辺の人々の心に深く根ざしていることがよく伺える。

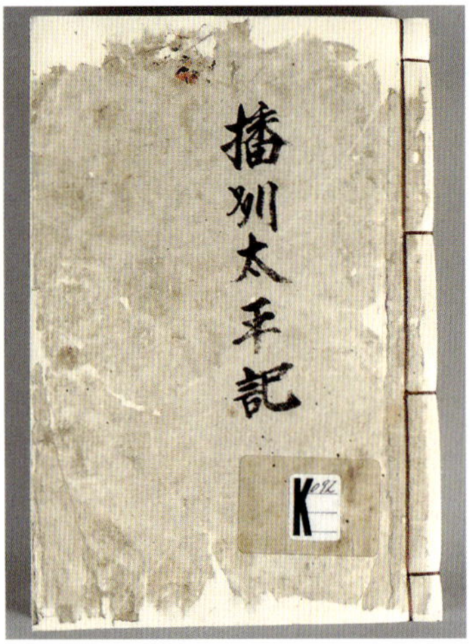

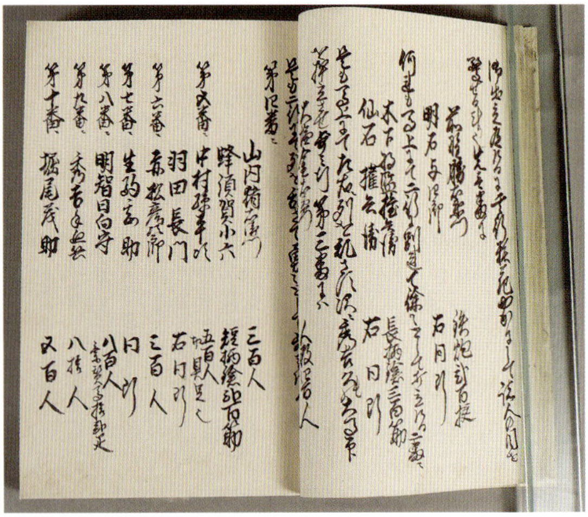

42　播州太平記　三木市立図書館蔵

別所家の由来から、秀吉の播州下向、三木城落城・秀吉の播磨平定までを記した合戦記・『別所長治記』に大幅に加筆した写本である。本書の特色は、下巻に秀吉の西播磨平定を記していることから、記述が播磨全体に及んでいることや、また夫人の活躍と悲劇が描かれ、さらに秀吉讃美が濃厚になっていることである。巻三の割注に、「絵本太閤記に野口の壱番衆は加藤左馬助と有」と『絵本太閤記』が見えるので、本書の成立は『絵本太閤記』の刊行された寛政年間（1789 ～ 1801）以降、文化・文政（1804 ～ 29）の頃と考えられる。

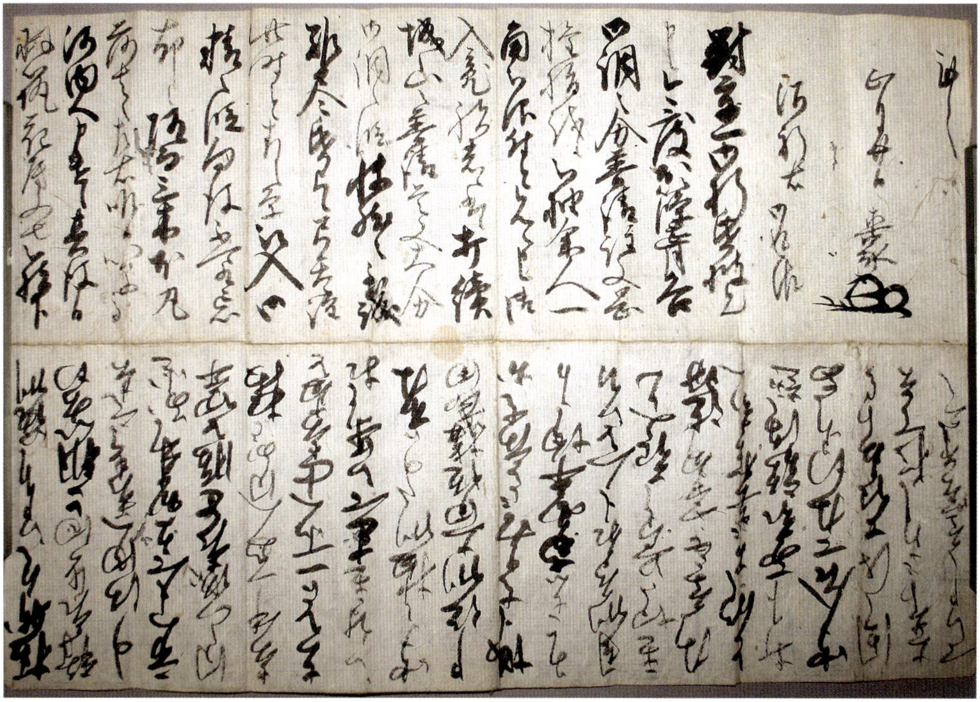

43　宇喜多直家書状　沼元新右衛門尉宛　個人蔵　岩国徴古館保管

備前岡山城主の宇喜多直家（1529 ～ 81）が、美作国南部の有力国衆である沼元新右衛門尉に、三木城本丸落城の様子を秀吉の使者から聞き書き送ったもの。別所長治・賀相・友之が切腹し、年寄（三宅肥前入道）１人も自刃した。そしてその他の者を、「一所へ追い寄せ、番（見張り）を置き、ことごとく殺した」と述べている。三木城開城が、大量殺戮で終結した可能性が高いと考えられ、三木合戦の真実を伝える貴重な資料である。

なお宇喜多直家は、天正７年（1579）３月頃に秀吉に降服の意思を示し、９月４日秀吉は安土城に行き信長に宇喜多直家所領安堵の朱印状の付与を請う。信長はその専横を怒り播磨に追い返すが、10 月 30 日織田信長は宇喜多氏の降服を受け入れた。この投降は、毛利氏に大打撃を与えるのである。

本図は、法界寺所蔵の絵図とは異なり、色が塗られていない箇所や、彩色用の色指定の文字が記されている場所もあることから、下書きか模写図と推定される。

中幅の中央に大きく三木城を描き、右幅には丹生山の焼き打ちから淡河城の合戦などを描き、左幅には野口城や神吉城での合戦の様子などを表現している。ただし法界寺蔵原本とよく比較すると、描かれている場面や人物、城郭名などが記載され、単なる模写図とも言えない点もある。

44　播磨三木城合戦図　兵庫県立歴史博物館蔵

三木市にある別所氏の菩提寺・法界寺に伝来する「天正年間三木城合戦図」の模本である。現在法界寺では、毎年4月17日に別所長治の追悼法要が行われる（ただし長治の命日は、旧暦1月17日である）。その際「天正年間三木城合戦図」を使用して「三木合戦軍図絵解き」が行われている（現在は模写本「播州三木城天正中合戦図」を使用している。

「天正年間三木城合戦図」は、寛永年間（1628～44）に別所氏の家臣・来住安芸守景政の寄進と伝え、来住氏は、来住城主で別所氏に出仕していたという。この絵図には、江戸時代に記述された『別所記』に合わせて、天正6年（1578）3月から同8年正月に落城するまでの三木城合戦の様子が描写されている。

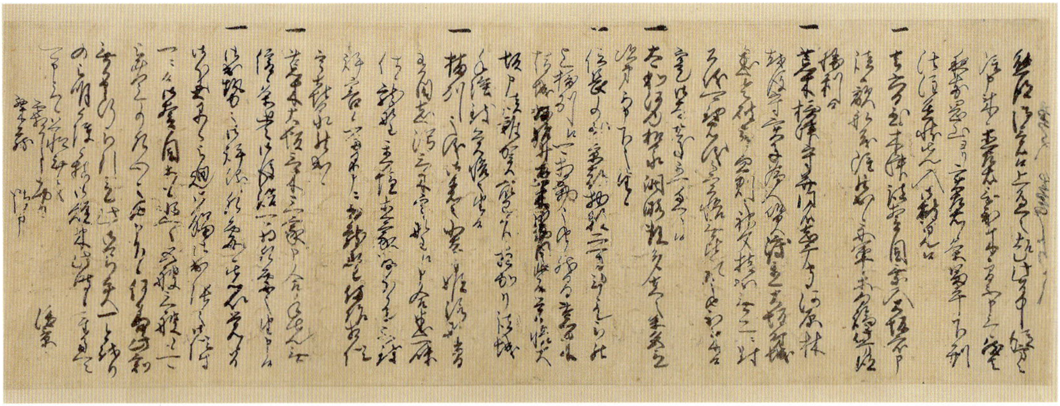

◎ 45　**小早川隆景書状写　粟屋元種宛**　毛利博物館蔵

小早川隆景から毛利氏譜代の粟屋元種に、上方における織田軍との戦況や戦線の様子を報じた書状の案文（複本・写本）である。摂津国の荒木村重は、実子を人質に出し、血判の神文状を認めて足利義昭に忠誠を誓った。毛利方警固衆が兵庫津・尼崎両城の引き渡しを受けた。播磨では御着城の小寺政職、姫路城の小寺職隆、野間城の在田国治、志方城の櫛橋政伊、長水城の宇野政頼が足利義昭と毛利方に味方しているが、龍野城の赤松広秀と置塩城の赤松則房の帰参は、備中岡山城主の宇喜多直家の無分別な反対により頓挫したという。しかし、播磨の寝返った城主のうち、姫路城の小寺職隆の裏切りは誤報である。また毛利軍内にも、宇喜多氏のように足並みの乱れがあることが伺える。

①

②

③

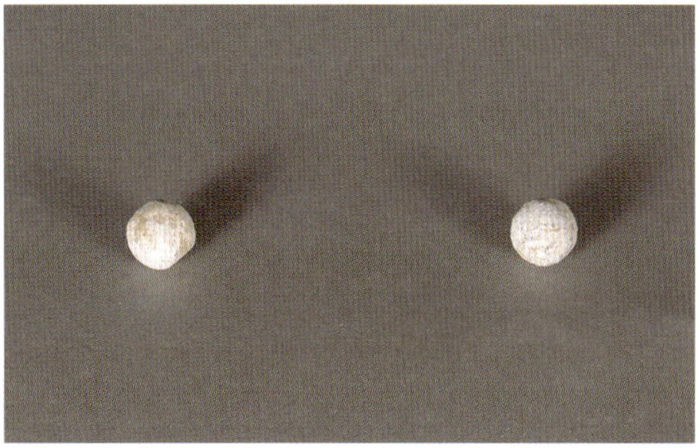

④（左）　⑤（右）

46　三木城跡・秀吉附城等出土資料

①軒丸瓦（三木城跡出土）　1点　　②軒平瓦（三木城跡出土）　1点
③備前焼壺（秀吉付城・君ケ峰城跡出土）　1点　　④鉄砲玉（小林八幡神社付城跡出土）　1個
⑤鉄砲玉（二位奥谷付城跡出土）　1個

昭和56年（1981）三木城跡の「二ノ郭」（南構カ）に図書館・美術館を建設する際の事前発掘調査によって、14個の備前焼大甕群（食糧倉庫跡）や建物跡・井戸跡・内堀跡・外堀跡が出土した。この遺構には、一面に広がる焼土層が確認され、焼打ちにあったことを示している。出土資料は、備前焼大甕・炭化麦粒（大甕内発見）・軒丸瓦・軒平瓦・土師質小皿・銅銭などがある。備前焼大甕は、口径84.5㎝、高さ66.0㎝を計り、胴上部外側に「三入」と刻まれているため、三石入の大甕である。製作年代は16世紀初め頃で備前焼の最盛期にあたる。

軒丸瓦は、三巴文左巻で、巴文の頭は丸く小さく、尾も細長く半周して他の巴の尾に連なる。小ぶりな巴文の頭などから、安土桃山時代の特徴を備えている。完形のもので、直径14.7㎝を計る。銅銭は2枚出土し、1枚は「開元通宝」でもう1枚は不明である。

これらの出土品や遺構は、別所長治の三木城に関係するものである。信頼できる絵図面が一切ない三木城に直接かかわり、その実情を物語る資料として貴重である。

①

②

47　花熊城跡出土資料　神戸市教育委員会蔵

①軒丸瓦　１点　　②軒平瓦　１点

花熊城（摂津国八部郡花熊村）は、兵庫津の北東にあった城である。花熊は、花隈・鼻熊・花隅とも書く。信長が石山本願寺と毛利氏の連絡を断つため荒木村重に築城させたと伝える。築城時期は、永禄11年（1568）もしくは天正２年（1574）頃と推定される。天正６年（1578）10月村重の謀反が明らかとなり、11月28日に荒木志摩守の籠城する花熊城を信長軍が包囲し、城下の兵庫に軍勢が攻め込んでいる。翌年春には、三木城救援のため花熊城を通って淡河城へ兵糧を運搬したという。天正８年（1580）２月27日には、池田恒興が花熊城を包囲し激戦を繰り広げ、７月に落城した。遺構は全く残らない。平成18年度における花熊公園西側の発掘調査で出土した瓦類で、表面に焼けた痕跡がある。落城時に兵火によって焼損した建造物に葺かれていた瓦の可能性が高い。軒丸瓦は、三巴文で周囲に14個の珠紋を配する。軒平瓦は中央に宝珠を表し、左右に波文を表現する。全体に火に掛り白っぽくなっている。

48　胴丸（端谷城跡出土）　神戸市教育委員会蔵

天正８年（1580）正月17日に三木城が落城した。この胴丸は、同年２月頃に落城した端谷（はしたに）城から出土したもの。端谷城は、三木城の支城で衣笠氏が城主であった。

本丸跡の土蔵跡から13領もの胴丸が出土した。簡素な胸板や草摺りの裾板の菱縫が貼り付けになるなど下級武士用の胴丸である。城内の武器蔵に常備していた御貸用胴丸なのかも知れない。

49　羽柴秀吉制札　田恵村宛　鳥取市歴史博物館蔵

秀吉が、宍粟郡高家荘田恵村（宍粟市山崎町宇野・下町附近）に出した制札である。出された天正８年（1580）５月12日は、最後まで播州で抵抗した宇野祐清の長水城（宍粟郡広瀬）が落城した日からわずか２日後である。長水城の南麓を流れる伊沢川の流域に、宍粟郡内で重要な荘園・高家荘がある。「田家村」はこの高家荘の中核地と考えられ、長水城の大手に位置しているので、秀吉はこの制札を掲げたと考えられる。

□50　**羽柴秀吉制札　淡川市庭宛**　淡河本町自治会蔵

三木城攻めで、秀吉はその兵糧を断つために補給路である敵方の城を次々に攻略した。兵庫津から花熊城を経て六甲山系を越え、山田の丹生山明要寺（海蔵寺砦）と淡河城を経由する補給路があった。秀吉は、天正７年（1579）５月25日に海蔵寺砦を攻略し、淡河城を守る淡河弾正定範は、猛攻に耐えきれず城を捨てて三木城に入った。そしてこの補給路は断絶したのである。

この制札は、秀吉が淡河城落城直後の６月28日に淡河町に出した制札で、市庭の開催日や本市が楽市であること、宿場のこと等が定められている。秀吉は、戦乱で荒廃した淡河町を早速復興するためこの制札を掲げたのである。

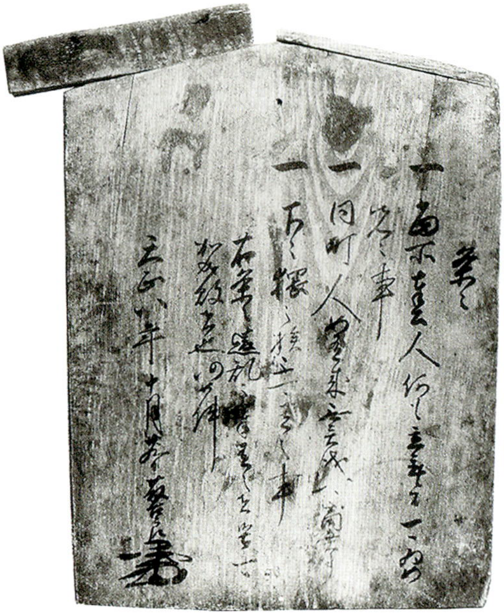

□51　**羽柴秀吉制札**　淡河本町自治会蔵

天正８年（1580）５月長水城を攻略した秀吉は、６月下旬には播磨国内の戦後処理を終えた。この制札は、同年10月29日附で淡河町へ与えた制札である。第１条で、淡河町内の淡河氏の家臣（武家）の奉公人が従来通り居住しても良いことを保証している。第２条では町人の商売の保護を、第３条で治安の維持が定められている。三木城攻めによって疲弊・荒廃した淡河町の町場機能を回復・復興に努めていることが伺える。天正７年６月28日附の制札（資料50）と共に、もと明石藩淡河組大庄屋村上家に伝来し、後年歳田神社（神戸市北区淡河町）に移された。

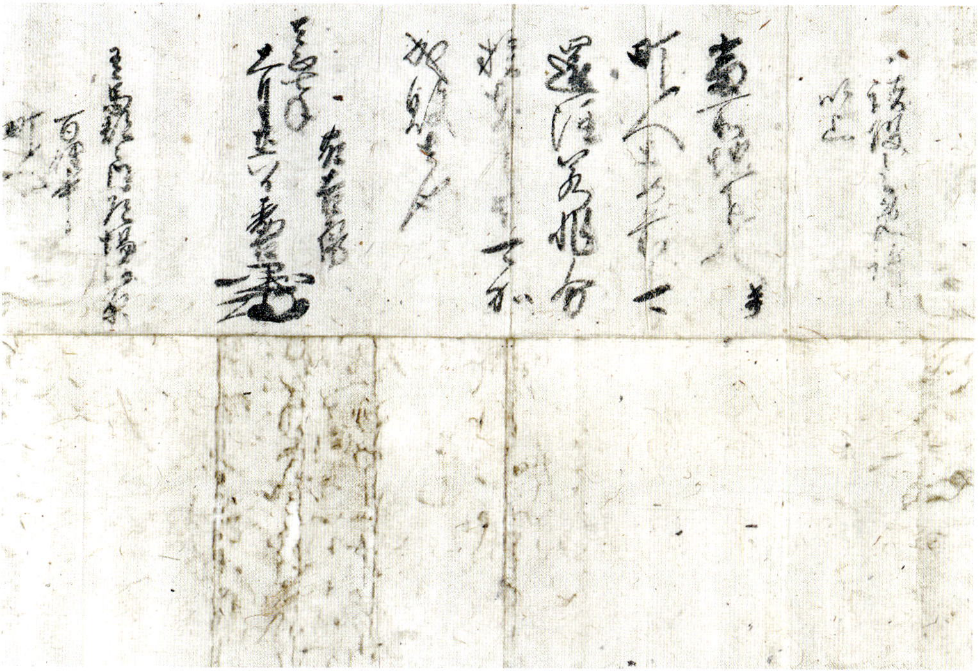

52　羽柴秀吉判物　道場河原百姓町人中宛　道場町自治会蔵

天正６年（1578）12 月・荒木重堅の三田城に対して織田方は、道場河原と三本松（屏風村・神戸市北区八多町）に陣城を構築した。その後三田城主・荒木重堅は秀吉に降服したので、道場河原の陣城は不必要となった。この文書は、秀吉が摂津国有馬郡道場河原村への百姓および町人の環住を命じたもの。併せて諸役の免除も指示している。陣城の構築と三田城攻めによって、戦乱に巻き込まれるのを恐れた道場河原村の百姓・町人は逃散していた。秀吉は帰還を命じ、従来どおり諸役免除を申し渡している。

53　羽柴秀吉制札　三木市蔵

天正８年（1580）正月17日別所長治・友之兄弟は自刃し、三木城は落城した。秀吉は三木城落城のその日に、三木町に制札（掟書）を掲げ、戦火で疲弊した三木町の復興をはかった。第１条には、三木町に来往する者には諸役（種々の雑税）をかけないことが明示され、戦乱で逃散した人々の環住を計っている。次に正月17日以前の借銭・借米および未納年貢については、支払わなくても良いことや押買（無理やり買い取ること）してはならないことなどを指示、再建策を積極的に押し進めている。なお第三条は、地子免除（年貢免除）の条文が書かれていると言われてきた。すなわち、「先年之通地子取　ましき事」と記されているという。しかし、読めなくなった部分の残画からは、とうていそのようには解読できない。つまりこの部分は、地子免除の条文ではなかったと考えられるが、現在では何が書いてあったかを知ることはできない。

江戸時代になって三木町人が、地子免除の特権を守ろうと、幕府にこの制札を証拠として提出した。この時にわざとこの第３条の部分を削り取り、故意に判読不能にしてから差し出し、地子免除の条文であると主張したと考えられる。用材は檜。全体的に墨が落ちているが、墨跡が半浮彫に盛り上がっているので、かろうじて判読できる。

54　**羽柴秀吉制札**　三木市蔵

天正８年（1580）正月 17 日（三木落城の日）三木町に諸役免除、借金・借米等の無効を命じた秀吉は、さらに翌月３日に戦乱で荒廃した三木領下の村々に制札を建て復旧を計っている。この制札は３条からなり、冒頭の第１条で、戦いを避けて逃げた近郷近在の百姓に速やかに環住するよう命じている。第２条で荒地の年貢は、収穫高の３分の１とすること、第３条で作毛は環住した百姓が営むこと等を命じている。秀吉の占領政策の一環として注目される。用材は檜。

この制札も、三木町の制札と同様に、墨が落ち読みづらく、風雨にさらされて半浮彫に盛り上がった墨跡によって、かろうじて判読できる程度である。

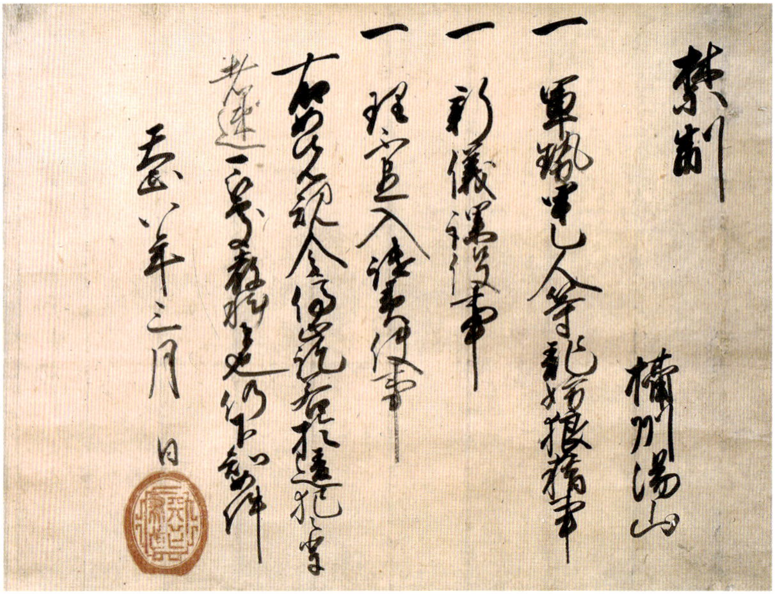

55　織田信長朱印禁制　摂州湯山宛　大阪城天守閣蔵

三木城落城後、摂津国西部から播磨国東部にかけて、相次いで織田信長・羽柴秀吉の禁制が発給された。町場であった西宮（西宮市）と塚口（尼崎市塚口）には、「天下布武」朱印の信長の禁制が現存している。

この朱印禁制は、摂津国湯山（神戸市北区）に出された織田信長の禁制である。信長側近の堀秀政添状（天正８年３月15日附）によると、有馬への禁制は一昨年に続いて２度目であるが、改めて発給されることとなった。

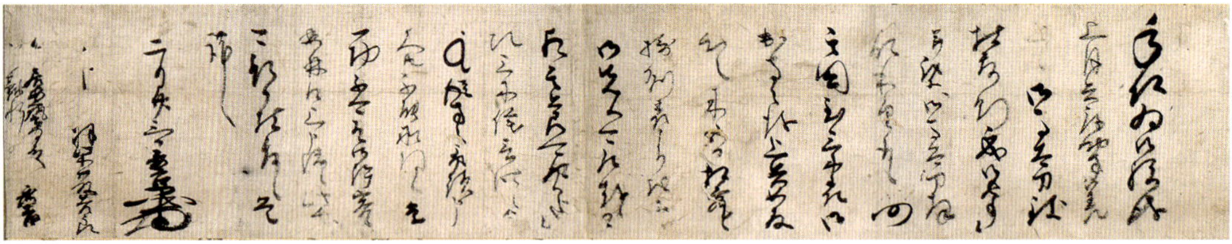

56　羽柴秀吉書状　鳥居安芸守宛　大阪城天守閣蔵

天正６年（1578）２月、別所長治が反旗を翻し播磨国三木城に立て籠もった。秀吉は３月29日に三木城を攻めたが守りは堅かった。秀吉は力攻めを止め、城の周囲に附城を構築し兵糧攻めに方針転換した。この書状は、まず冒頭に年頭の祝儀のために、上月兵庫助から贈られた馬と太刀を信長に披露し、御礼の言葉と返礼の馬と太刀を拝領したことを述べている。また信長が、三木城攻めに出馬する意向があることも記している。また別所長治から、降服の意思表示があり、信長に取り次いだが一切承知できない、という厳しい意向を伝えている。

宛先の「鳥居安芸守（祝融軒）」はもと赤松氏の奉行人を務めた人物で、この当時は、上月氏の家臣となっていた。

秀吉の中国攻め ④ 三木城兵糧攻め

花隈城跡

天正六年（一五七八）二月、一度は信長に帰属していた三木城の別所長治が毛利氏と通謀して反旗をひるがえし、兵八千余で籠城した。

この時なぜ別所氏が、信長から離反したのか。後世に編纂された軍記類（『別所長治記』等）は、秀吉との意見対立や秀吉への身分的な蔑視、重臣・家臣の浅慮な進言などを理由とするが、いずれも確証がない。

信長は、長治離反の原因は、秀吉への「存分」であると述べている。【『信長公記』11巻・織田信長朱印状写　小寺孝高宛（天正6年）3月22日附】存分は「思いや恨み、遺恨」であるため、秀吉に対して別所氏に遺恨があった可能性が高いが、何の恨みかは明白ではない。ただ別所氏の離反には、前将軍足利義昭の調略があったことは事実である。

三月、三木城を攻撃したが落とせず、そこで平井山（三木市平井）を本陣に二万七千の大軍で三木城を包囲し、支城攻略に方針転換した。四月一日、三木の属城で「播州一ノ名城」とうたわれた野口城（加古川市野口町野口）を攻め、三日に城将長井長重を降している。七月、別所氏の有力属城・神吉城（加古川市東神吉町神吉）の神吉頼定を、織田信忠と共に攻め攻略している。十月二十二日、秀吉軍と別所勢が三木城下で戦闘し、別所長治の弟治定が討死にしている。

この時、摂津国有岡城（伊丹市）の荒木村重が、謀反を起こし毛利方に寝返った。これが三木城攻略を長引かせる原因となるのである。

天正七年二月、秀吉は三木城の支城である摂津丹生山（たんじょうざん）城（神戸市北区山田町坂本）を落とし、三木城孤立化への第一歩とした。三月毛利方が三木城へ兵糧を入れようと、明石・魚住に来援。対して秀吉は、砦三十余を築き、魚住〜三木間の通路を遮断した。五月、再び毛利方が荒木村重・別所長治と連絡をとりつつ、兵糧を荒木の支城花隈城（神戸市中央区花隈町）を経由して丹生山の砦に送り、淡河城（神戸市北区淡

三木城跡石碑

三木城跡天守台

花隈城跡石碑

河町淡河字上山）を経て三木城へ運び込むことに成功した。これを知った秀吉は、丹生山の砦（海蔵寺・明要寺）を攻略して輸送の途を遮断した。九月十日毛利勢は、御着・曾根・衣笠の士卒と共に、三木城へ糧米を入れようとするが、秀吉の反撃により失敗する。十月七日秀吉は、附城を次第に寄せ、南は八幡谷山、西は平田、北は長屋、東は大塚として、三木城五～六町に迫った。

秀吉は城の包囲を厳重にし、さらに夜は篝火をどんどん焚き「白昼の如く」にした。「城内には、九穀ことごとく尽き、すでに餓死する者数千人、初めは糠まぐさを食い、中ごろは牛馬・鶏犬を食ひ、後には人の肉を刺して食う事限りなし」（『播磨別所記』）と伝えている。秀吉自慢の「干殺し」、兵糧攻めである。

天正八年（一五八〇）正月六日、秀吉は別所友之の守る「宮ノ上構」（三ノ郭の南側の谷を隔てた背後の山・標高一〇一・五ｍ）を攻略し、自ら城に入っている。また十日城下町に放火し、別所賀相（吉親）の守る鷹尾山城（三ノ郭の背後の山・標高八〇ｍ）を攻めてこれを追った。そこで長治は、自刃して衆命に代わることを懇願し、秀吉はこれを許したと伝えられてきた。しかし近

端谷城本丸跡（神戸市教育委員会提供）

別所長治夫妻墓

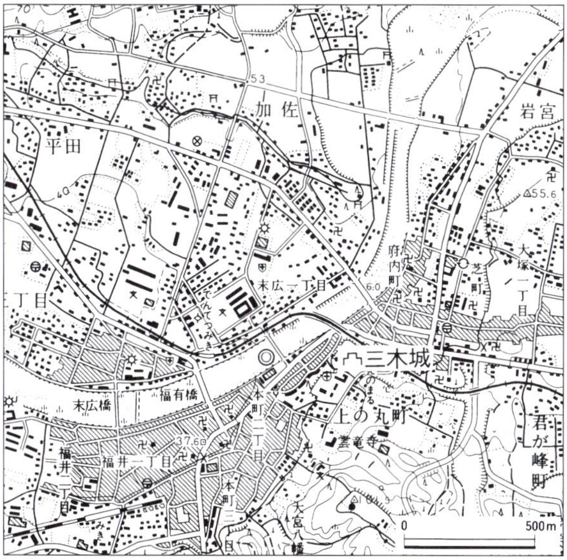

三木城付近

年、この「籠城衆の助命」の美談は、秀吉の「徳」を顕彰・強調するための創作であり、事実は「一所に追い寄せ悉く殺す」という大量殺戮で籠城戦が終わった可能性が高いと考えられている。かくして正月十七日長治・友之兄弟は自刃し三木城は落城した。その後秀吉は、戦火に疲弊した三木町に諸役免除、借銭・借米などの無効を命じている。

三木城が落ちると、御着・魚住・高砂などの諸城も相次いで降服し、秀吉は播磨一国をほぼ制圧した。

姫路に戻った秀吉は、ついで妻子のいる長浜城へ帰り、二月十九日城内で茶会を開いている。

別所長治（一五五五～八〇）

播磨国守護赤松氏の一族で、先祖が播磨国別所に居住したのでこれを姓とした。父は長勝で、祖父重治の時に三木城に移り、播磨国東部の美嚢（みのう）・明石・印南・加古・多可・神東（じんとう）・加西（かさい）・加東の八郡を領有した。だが永禄四年（一五六一）当主長勝が、ついで同六年（一五六三）長勝の父・重治が相次いで死去する。幼い長治が家督を継ぎ、別所氏の命運が託されることになる。叔父のうち吉親と重棟が、「執権」として長治を支え、実権を握っていた。

別所長治像　兵庫県立歴史博物館蔵

永禄十年（一五六七）九月、軍勢を大坂に派遣し三好三人衆を援けている。翌十一年に織田信長が足利義昭を擁して上洛した際にはこれに加勢し、叔父・重棟は百五十人を率いて尼崎に出迎え、天王寺に陣を張っている。元亀元年（一五七〇）信長上洛の時には、播磨国衆や別所一族と共に在京することを命じられた。このころしばしば備前浦上宗景が侵攻し、信長は天正元年（一五七三）両者の和議の仲介をしている。天正三年七月一日初めて上洛し、相国寺で信長に謁見している。

その後十月二十日、翌四年十一月十二日、五年一月十四日と上洛し会見している。また四年正月には、信長に年頭の祝儀として太刀と馬を贈っている。このように信長と親密な関係にあった長治は、天正五年十月中国攻めの総大将として秀吉が播磨に侵攻すると最初はこれに協力する。しかし翌年二月には、反旗を翻して三木城に籠城し毛利氏に通じた。

別所長治が、信長に反抗した理由はよくわかっていない。ただ秀吉に対して「存分」があったと信長が述べているため、意趣・恨み・遺恨があったことは確実だが何の遺恨かははっきりしない。

いずれにせよ長治は離反し、秀吉はすぐに三木城を攻撃したが落とせず、附城を築いて包囲戦に切り替えた。籠城は約二ヶ年に及び長治はよく戦ったが、属城が次々に攻め落とされ、天正八年（一五八〇）正月十七日に切腹し落城した。従来長治と一族の切腹によって、三木城籠城衆の命は救われたと言われて来た。しかし近年、これは秀吉の「徳」を強調する創作で、実際は籠城した人々が虐殺されていることがわかってきた。

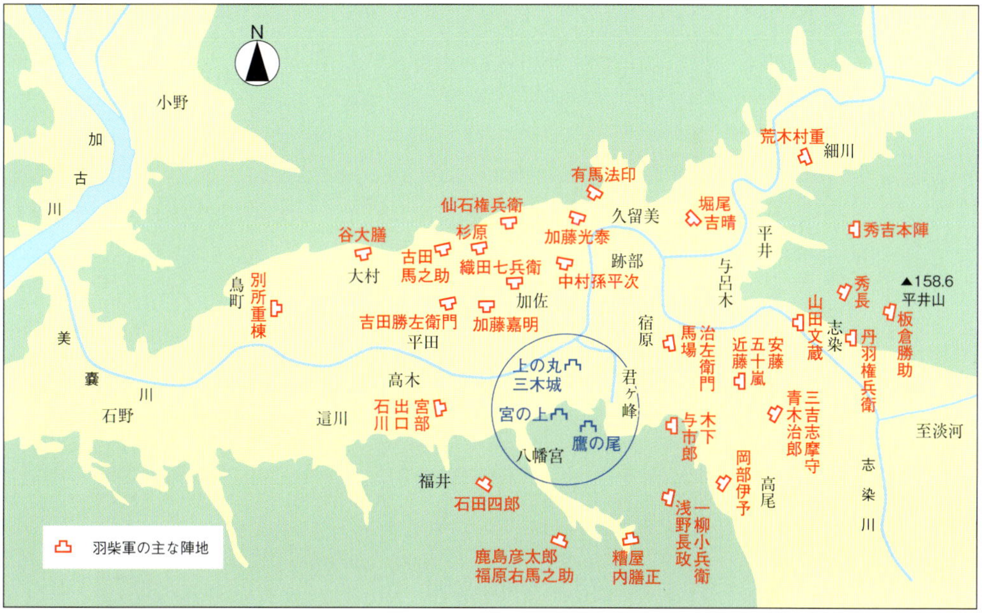

三木城攻め配陣図（天正６年９月頃）

⑤ 鳥取城攻め

57　山名豊国像　南宗寺蔵

山名豊国（一五四八～一六二六）は、因幡鳥取城主山名豊定の次男。初め因幡岩井城に住したと伝える。のち家臣に鳥取城を追われた兄豊数の跡を継ぎ、天正元年（一五七三）鳥取城を攻略し城主となる。天正三年、伯父祐豊と共に毛利氏に与し、織田軍と戦う。しかし天正八年四月、秀吉が大軍を率いて因幡に侵攻し、鹿野城（鳥取県気高郡鹿野町）を奪い鳥取城を包囲すると、豊国は城を出て降伏した。その後、秀吉に従い鳥取城攻撃に参陣したが、領地回復ができず但馬国七美郡村岡に蟄居する。信長没後は、お伽衆として秀吉に仕えた。関ヶ原合戦では、東軍につき、慶長六年（一六〇一）但馬国七美郡村岡城主となり六千七百石を領した。後年豊国は、常に徳川家康に近侍し、秀忠にもお伽衆として仕えた。

この像は、法体で右手に軍配を執り、左脇に太刀を横たえ、円座の上に坐し、右側には脇息を置く。豊国の晩年の姿を描いたものであるが、堂々とした体躯が、戦国時代乱世を生き抜いた武将の姿を彷彿とさせる。虫損がひどく、面相部に後筆がかなり入っているのが惜しまれる。堺南宗寺にこの像が伝来したのは、大坂夏の陣で南宗寺が兵火にかかり、この復興に豊国が尽力したためであろう。図上部に、山名旧臣（稲葉綱典）の子・「沢庵」宗彭の賛があり、興味深い画像となっている。山名豊国像は、本像の他に京都妙心寺東林院像・但馬村岡法運寺像などが現存している。

58　**御留場絵図**　鳥取県立博物館蔵

鳥取藩主池田家の鷹狩などの狩猟場を示した絵図である。「杭」より内側を一般の狩猟を禁止する場所とし、「杭」の位置を周囲に記載している。その絵図に、天正９年（1581）６月の第二次鳥取城攻めの城・砦跡の情報を書き込んだものである。これは、絵図の成立した寛文年間（1661 ～ 73）をそれほど降らない時期に書き込まれたと考えられる。『旧塁鑿覧』を著述した岡嶋正義も、この御留場絵図の内容等を参考にしている。

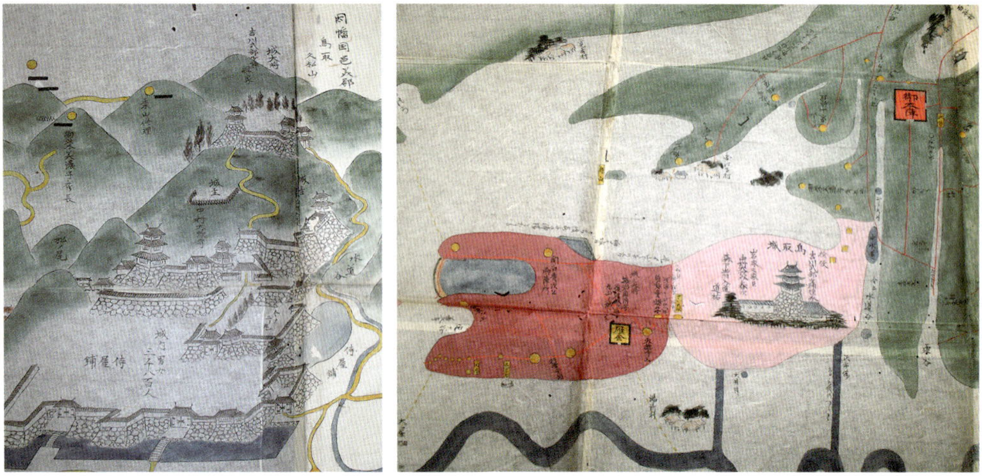

59　旧塁鑒覧（部分）　鳥取県立博物館蔵

鳥取藩士である岡嶋正義（1784～1858）が鳥取城とその周辺に現存する古戦場・城跡・砦跡などを４冊（13巻）の冊子と２舗の絵図に書きとめたものである。天保４年（1833）に完成した。秀吉軍の陣城の構造が色彩豊かに記録されている。江戸時代後期まで、秀吉軍の城砦跡の遺構が極めて良好に残っていたことがわかる好資料である。

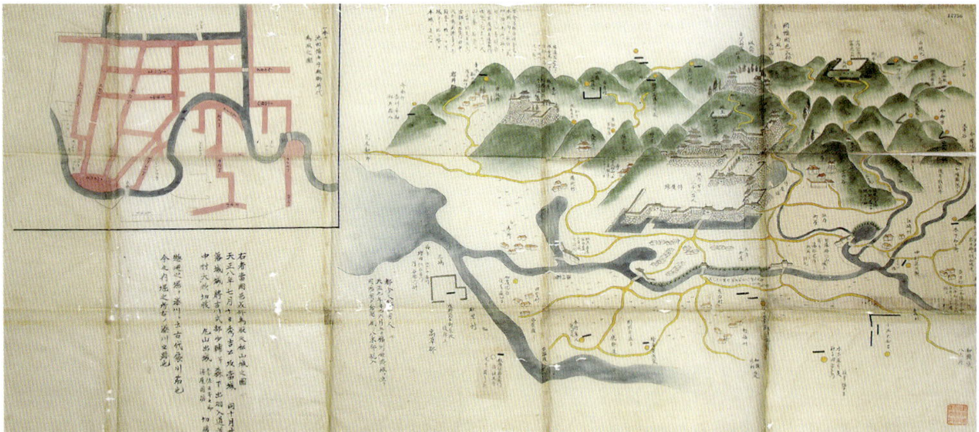

60　鳥取城図（旧塁鑒覧画図一）　鳥取県立博物館蔵

『旧塁鑒覧』に付属する絵図である。中央向かって右よりに、久松山頂上に築かれた鳥取城詰之丸である山上之丸を描き、元禄５年（1692）に落雷により焼失した天守を描写する。山麓には、石垣と堀で囲まれた山下之丸があり、雛段状に続く曲輪配置を描く。二の丸には、御三階櫓が聳えている。左上には「池田備中守殿御時代鳥取之図」という地割図がある。その下に「天正八年七月十日秀吉公攻当城、同十月二十五日落城　城将吉川式部少輔並森下出羽入道道祐・中村大炊切腹」とあるが、天正９年を８年とするなど、年次を誤っている。

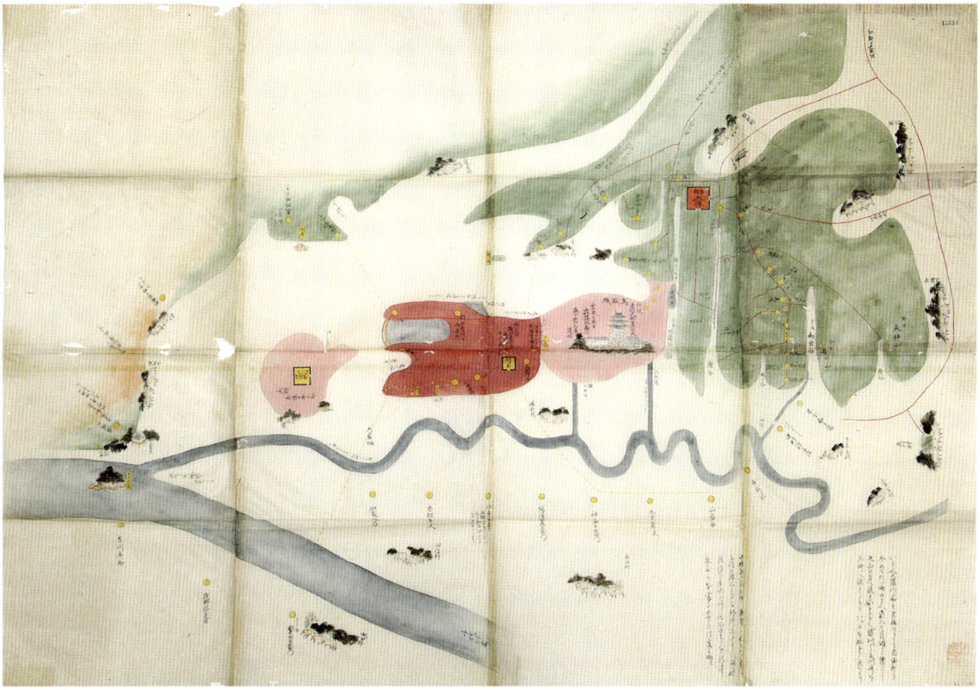

61　**鳥取城布陣図（旧塁鑿覧画図二）**　鳥取県立博物館蔵

『旧塁鑿覧』に付属する絵図である。吉川経家が天正９年（1581）３月18日に鳥取城へ入城すると、城のある久松山の北に丸山城を築き山県左京進等を入れ、その間の雁金山に塩屋高清に陣を布かせた。この絵図は鳥取城とそれらを取り囲む秀吉軍の陣城群を描いている。秀吉の本陣は、鳥取城の背後の帝釈山（本陣山）の山頂を削平して土塁を廻らし本丸とした。後世に「太閤ケ平」と呼ばれるようになった。この図では、秀吉本陣を赤い四角で表現し「御本陣」と記載する。緑の山地や鳥取城の前面の川を挟んで黄色の点が、秀吉軍の附城である。雁金山の西正面に「小寺官兵衛」（黒田孝高）の陣所も見える。

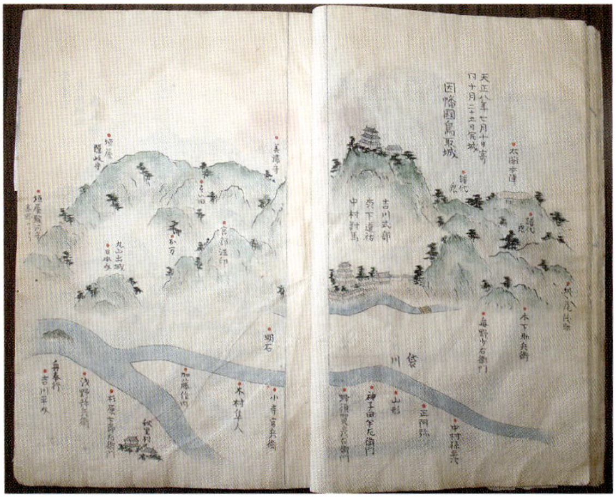
因幡國鳥取城
太閤本陣
袋川

秀吉公
鳥取城攻
陣取圖

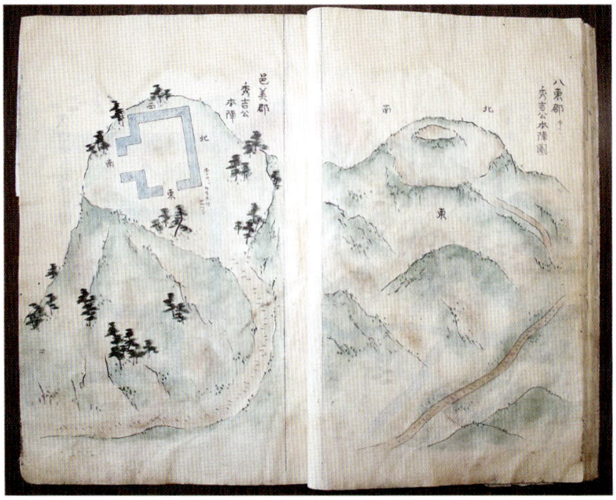
邑美郡
秀吉公
本陣
八東郡
秀吉公本陣圖
南
北
東

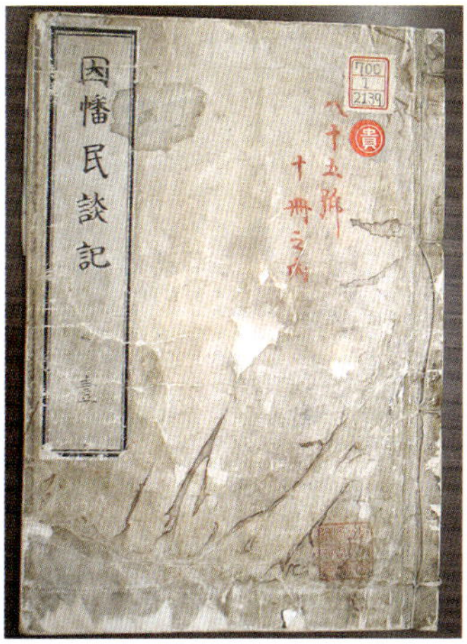

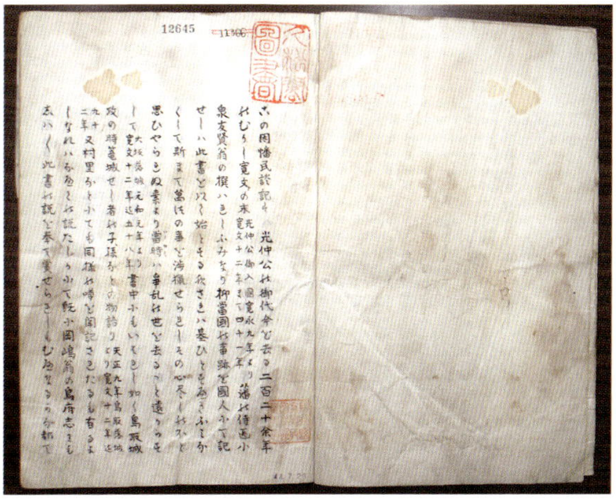

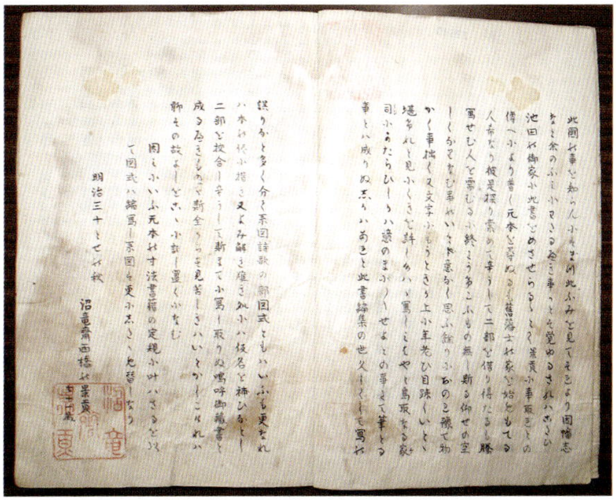

62　因幡民談記　鳥取県立博物館蔵

『因幡民談記』は、鳥取藩の侍医「小泉友賢」が執筆・編集した因幡国の地誌である。成立した時期は、寛文年間の末頃（一六七二～三）と考えられる。第一巻に「山川国城図・古城之記他」があり「秀吉公鳥取城攻陣取図」が収められている。赤△印が、鳥取城を包囲した上方勢・秀吉本陣と秀吉家臣団の陣城である。この図では、千代川と袋川左岸の布陣が省略されている。しかし東側山間部にも、包囲の陣城が描かれている。秀吉本陣の左右には黄母衣衆・白母衣衆が配置され、その左には実弟・秀長がいる。秀吉家臣には、小寺官兵衛（黒田孝高）や宮部善祥坊（宮部継潤）、浅野弥兵衛（浅野長政）、仙石権兵衛（仙石秀久）等も包囲に参加している。

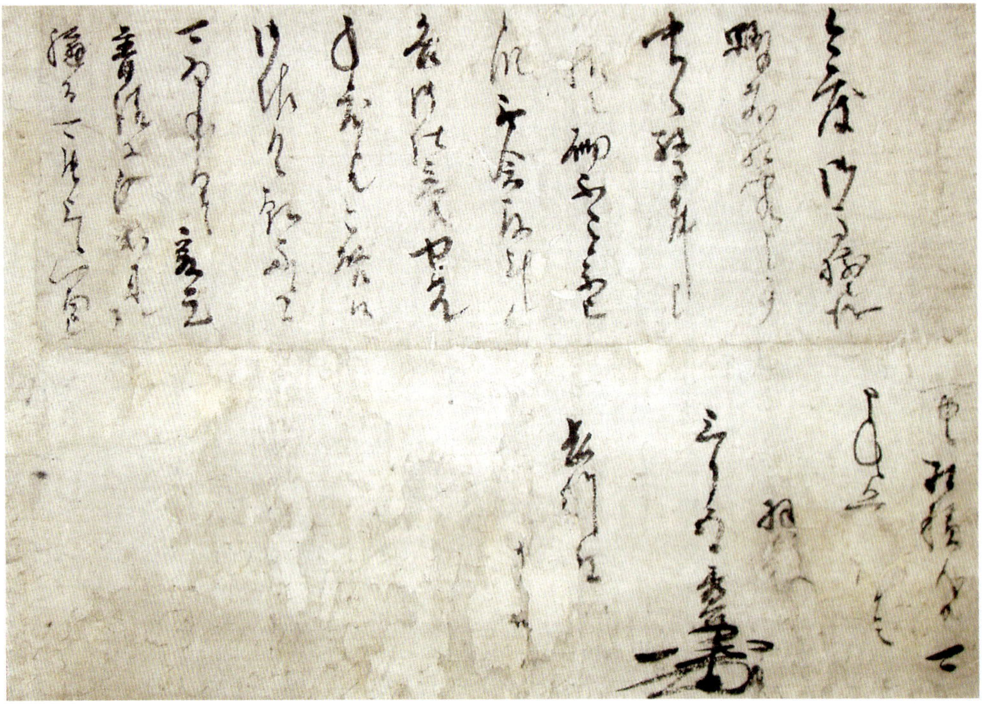

63　羽柴秀吉書状　長谷川秀一宛　名古屋市秀吉清正記念館蔵

天正９年（1581）２月28日、織田信長は京都の御所東側に馬場を造営し、正親町天皇の叡覧のもと、馬揃（観兵式）が厳粛・壮大に挙行された。公家衆では、近衛前久も騎馬している。秀吉は、この時姫路城の普請が進行中で馬揃に参加できなかった。本文書で秀吉は、馬揃の盛大さを聞き、参列者の服装や様子等を教えてくれるように、信長近習の長谷川秀一に依頼している。秀吉の類まれな情報収集力と気配りが伺える貴重な資料であり、この当時、姫路城が築城中であることもわかる。

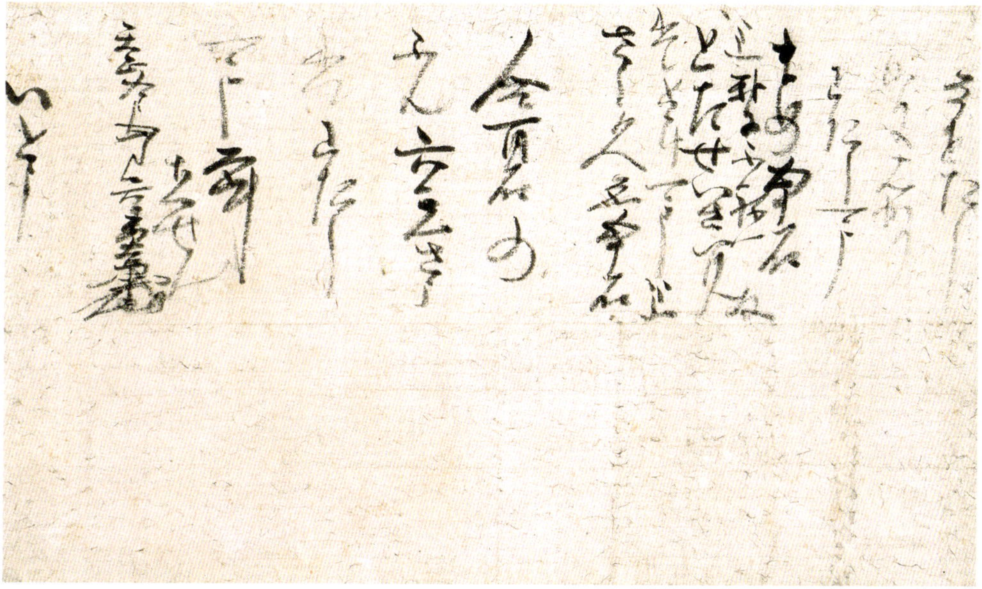

64　羽柴秀吉自筆書状　伊藤吉次宛　名古屋市秀吉清正記念館蔵

秀吉が西播磨の宍粟郡内で、大豆50石ずつを戸田清左衛門と今井宗久に渡すよう伊藤吉次に命じた自筆書状である。豆は厳密に量って渡すことを指示し、輸送も自らの船1艘で運ぶと伝えている。船が回漕されたのは、宍粟郡中心部を流れる揖保川と考えられるので、豆を渡した場所は山崎城下か安積保附近かも知れない。豆は7月から始まる鳥取城攻めの兵糧と考えられ、秀吉軍の兵糧調達・分配の一端が伺える資料である。伊藤吉次は、秀吉古参の家臣で初期の財政担当者として秀吉の信任が厚い人物である。

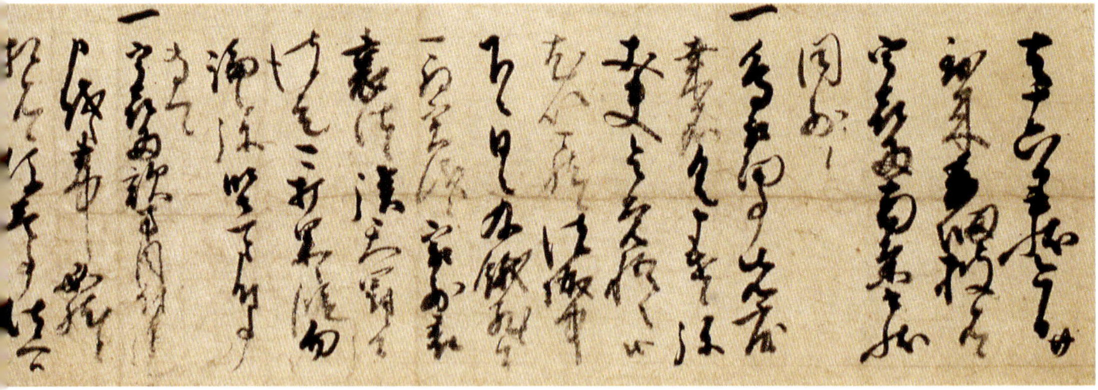

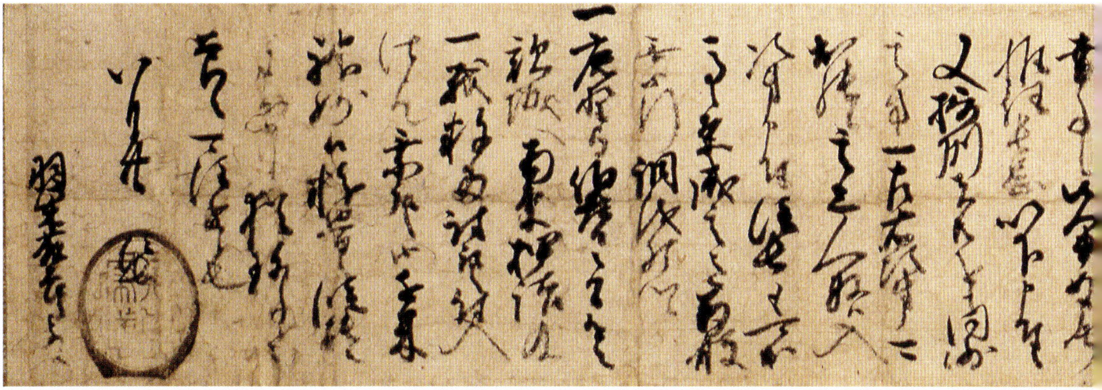

△65　**織田信長黒印状　羽柴秀吉宛**　個人蔵

織田信長が、鳥取城攻め中の秀吉に与えた書状である。まず城攻めについては、いっそう覚悟を決めてあたるべきとある。また城中では、餓死者が出ているようだが、裏切者であるから天罰が落ちたのだとする。一方、宇喜多直家軍は、美作国にて毛利方の援軍北上を阻止していたが、その点にも言及している。また明智光秀・細川藤孝・摂津衆も援軍に送るようにするので、人数を知らせるように言い、信長自身も出馬する意向であることを伝えている。伯耆方面では、羽衣石城（鳥取県東伯郡東郷町）の南条元続が信長側として、毛利方を討ち破るが、その点を賞して結んでいる。「彼城中下々、日々餓死に及ぶ旨」と文中にあるのは、当事者の言葉として実に生々しい。鳥取城攻めを解明する場合は、欠くべからざる基本資料である。

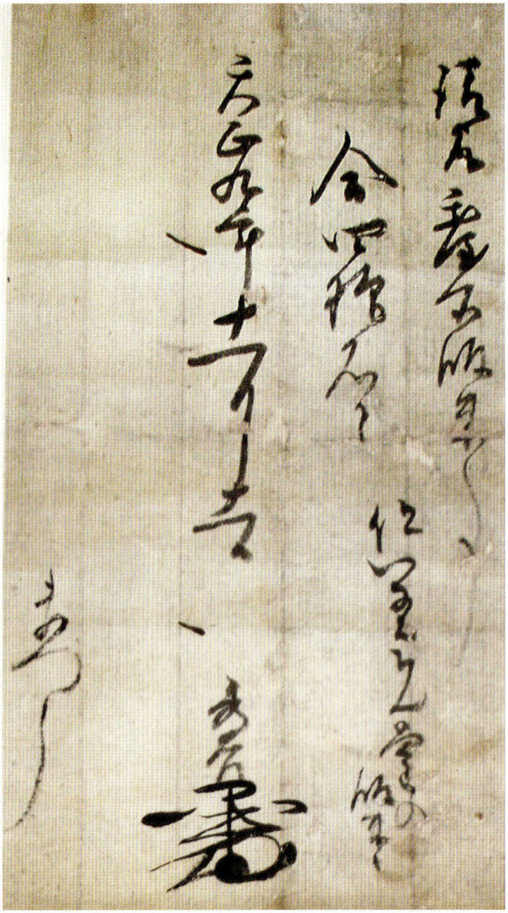

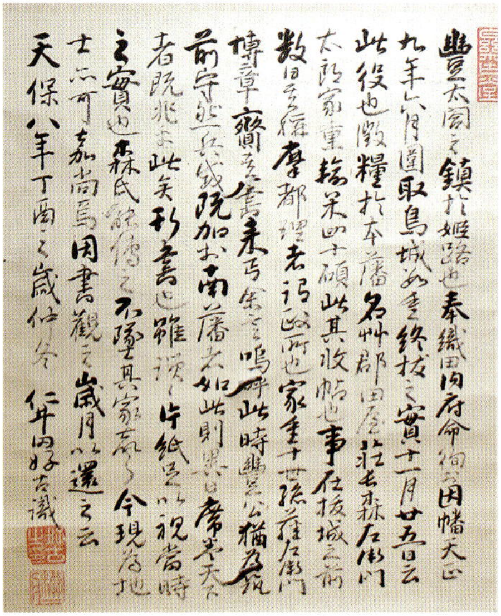

66　羽柴秀吉台所飯米請取状　松浦重政宛　鳥取市歴史博物館蔵

天正９年（1581）11 月 11 日附の秀吉から松浦にあてた台所飯米 40 石の請取状である。但書に「いなはちん党の飯米なり」とあるため、因幡国内に在陣した将兵用の飯米とも考えられる。鳥取城落城後、秀吉は 11 月８日姫路城に帰陣し、16 日・17 日に先勢を淡路へ出陣させ、18 日には自ら出陣しているため、本文書が出された 11 日は、姫路城にいた可能性が高い。宛先の「まつら」は、松浦弥左衛門重政である。松浦重政は、秀吉馬廻で、天正 10 年 10 月には播磨姫路城の留守居を務めた。天正 12 年 11 月 17 日附の重政宛の秀吉米穀渡切符も現存する。なお本文書の下部にある書付は、天保８年（1837）仁井田昭古が記したもの。鳥取城攻めの糧米を「本藩名艸郡田屋荘長森左衛門太郎家重」で徴収したとある。しかし名草郡田屋荘は、現在の和歌山市田屋であり、室町時代末には根来寺の勢力下にあり、天正９年 11 月の段階で兵糧を供出できたかは不明である。

秀吉の中国攻め

⑤ 鳥取城兵糧攻め

鳥取城石垣

天正八年（一五八〇）正月三木城を落した秀吉は、四月弟小一郎秀長に但馬国内に残っていた毛利方の制圧を指示する。秀長は、四月から五月上旬にかけて朝来・養父・気多・出石各郡の反織田勢力の平定にあたった。五月十六日には但馬守護山名氏の居城・出石城（兵庫県出石町）も陥落し、山名氏政は因幡に逃亡し、父祐豊は落城五日後に病死したという。ここに但馬の名族・山名家は滅亡した。また有力な毛利党として活躍した垣屋豊続も水生城（兵庫県豊岡市）で討死にし落城したという。秀長は、因幡で降参した八木豊信など三〜四千人を家臣に加え、因幡に侵攻した。

羽柴秀長が因幡に侵入したのと前後して、秀吉も因幡に出撃し、若桜城・私部城などの諸城を落して、山名豊国の籠城する鳥取城を包囲した。また一隊は、因幡・伯耆の国境付近に侵攻し、鹿野城を攻撃した。城番「進藤豊後守」は、和を要請してきたので、鹿野城に亀井茲矩を入れ、また但馬の国人・土豪たちを因幡の諸城に配置した。

鳥取城を包囲した秀吉は、城下の市場や民家を焼き払い、附城を二〜三町間隔で設け、その間に堀を掘り、土塁を築き、鹿垣を二重三重に結い廻し周囲を厳重に封鎖した。また秀吉に呼応して、南条元続が伯耆から因幡に侵攻し、宇喜多直家も美作に侵入したので、毛利勢の鳥取城救援も遅滞してしまった。

鳥取城主・山名豊国は籠城四ヶ月に及んでも、秀吉からの降服の誘いにはなかなか乗らなかった。しかし毛利軍の早期の来援が期待できないため、ついに秀吉への降服を決意する。秀吉は城を豊国に預け、一旦姫路城へ引き揚げた。しかしあくまで降服に反対する、家臣・中村春続と森下道誉らは、九月二十一日豊国を追放し、吉川元春に援助を求めた。元春は牛尾元貞に鳥取城の城番を命じたが、但馬での戦闘で負傷し出雲に療養のため帰ってしまった。そこで元春は、一族の吉川経家を城将として派遣し、天正九年三月経家は鳥取に入城する。

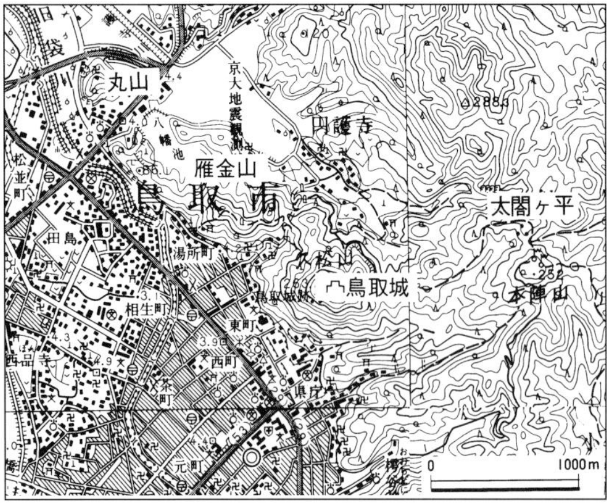

鳥取城付近

経家は城を整備し、鳥取城のある久松山の北西に丸山城を築き、山県左京進・奈佐日本之助(やまとのすけ)・佐々木三郎左衛門などを入れた。また両城の間の要衝・雁金山(かりがねやま)には塩谷高清が陣を置かせた。

天正九年六月、秀吉は大軍を率いて姫路を出発し、但馬を通って因幡に侵攻し、弟小一郎秀長は、但馬海岸から丸山城の東・吹上浜に上陸した。秀吉は、七月十二日に鳥取城の東北一・五キロにある太閤ヶ平(たいこうがなる)に本陣を置き、鳥取城・雁金山・丸山城を完全に包囲する陣形で軍勢を配置した。また因幡海岸には、織田方の丹後勢による水軍が出動し鳥取城を海上から封鎖した。

鳥取城内の兵員と武器は十分であったが、経家は兵糧の少なさに不安を覚え、調達を命じるも時すでに遅かった。秀吉の計略によって、若狭の商船が因幡国内の米を相場の数倍で買い漁り持ち去っていたのである。毛利軍は、食糧を海上から運搬しようとするが、これも織田方の武将・松井康之の水軍に打ち破られ果たせなかった。

八月になると、糧食不足のために城内では餓死者が出始め、牛馬も食べ尽くし、はては死人の肉を奪い合うという悲惨な状況に陥った。秀吉のいう「鳥取のかつや(干)かし(渇)殺し」である。一方、毛利軍は、伯耆や因幡で釘付けにされ救援は期待できなかった。

経家は、城内の惨状をこれ以上見るに忍びずついに開城を決意し、十月二十五日に自刃して果てた。中村春続・森下道誉・塩谷高清・奈佐日本之助・佐々木三郎左衛門は、その前日にそれぞれの陣所で自刃している。その他の籠城勢は、安芸からの加番衆も含めて許されて城を出た。秀吉は、城兵が食糧欠乏のため疲労衰弱しているので、城の麓でかゆを用意し、長期の籠城を労ったという。

秀吉は、鳥取城へ宮部継潤を、鹿野城へ亀井茲矩を入れ、伯耆まで出陣して吉川元春と東郷池付近で対陣する。しかし十一月、雪が降ると両軍は撤収した。

この鳥取城落城で、秀吉は因幡まで勢力下に置くことに成功し、山陰での毛利氏への優位を確固たるものとしたのである。この方面での毛利氏の前線は、ついに伯耆まで後退し、その東上に終止符を打ったのである。

吉川元春（一五三〇〜八六）

吉川元春像　岩国美術館蔵

吉川氏は、元来は駿河国出身の鎌倉幕府御家人で、四代経光が承久の乱の戦功で安芸国大朝荘（広島県山県郡大朝町）の地頭職を与えられた。毛利元就の正室（法号・妙玖）は、十二代国経の女で、元就の二男元春は、十四代興経の養子となって母の実家を継いだ。弘治元年（一五五五）の厳島合戦には、毛利軍の先鋒を任され、陶晴賢の武将・弘中隆兼を討ち取っている。吉川氏一族が石見国に広がり、因縁も深いので、元春は父元就から弘治二年同国の経略を任された。

　元春は、益田氏をはじめ国人・土豪を降伏させ、毛利氏が出雲に出兵する基礎を固めた。毛利元就を中心に、吉川元春が山陰方面、小早川氏が山陽方面の軍事を担当する体制がこのころから形成される。やがて、山陰地方を支配していた尼子氏と対抗しこれを滅ぼした。小早川氏を継ぎ山陽方面を担当していた弟の隆景と共に、父元就、ついで甥輝元を支え、世に「毛利の両川」と謳われた。元春は、伯耆・因幡国を占領し、山陰方面から東上策を進めた。そして中国方面に兵を進めた織田信長軍の司令官・羽柴秀吉と幾度か衝突を繰り返す。天正六年（一五七八）の播磨上月城攻めでは、秀吉軍を撃破して同城を落城させた。尼子勝久は自刃し、家臣の山中鹿之介幸盛は捕えられ斬首された。

　その後元春は、天正九年吉川経家を置いた鳥取城を救援することができず、秀吉に攻略された。また翌十年には、輝元・隆景と協力して、備中高松城を救援するため出馬したが、秀吉の包囲網を破ることが出来ず、不利な条件で講和を結んだ。秀吉の天下統一後は秀吉に仕えず、嫡男・元長に家督を譲って隠退した。しかし輝元の懇願をいれて復帰、九州の役に出征し、天正十年十一月十五日豊前小倉の陣中で没した。享年五十七。

　元春は、名将であったが、文化的な教養も深く、尼子氏の富田城を包囲中に、『太平記』四十巻を書写し、『吾妻鏡』（大内氏一族右田弘詮整理収集）の保存にも尽力した。

吉川経家（一五四七～八一）

吉川氏の一族で、石見国福光城（島根県邇摩郡温泉津町）の城主。天文十六年（一五四七）に生まれ、幼名は千熊丸で、通称小太郎、後に式部少輔と称した。天正二年（一五七四）に父・経安から家督を継いだ。吉川元春に属して、毛利氏の中国地方征討戦に従軍し戦功があった。天正九年（一五八一）正月因幡鳥取城の守将に選ばれ、三月に入城。

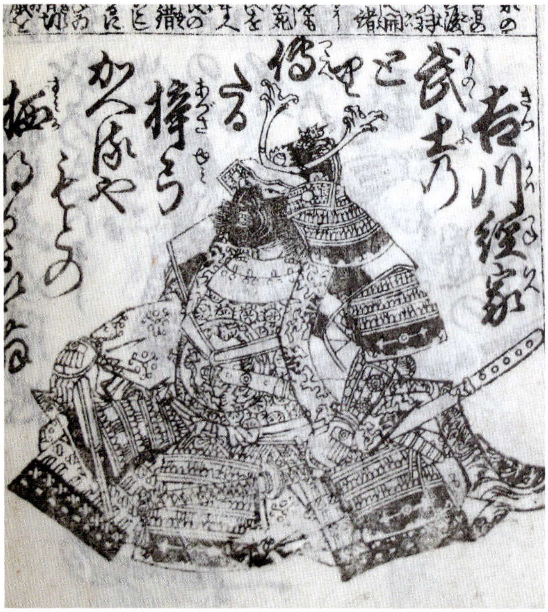

吉川経家像（続英雄百人一首）　鳥取県立博物館蔵

　この当時鳥取城は、城主・山名豊国が毛利氏を見限り織田信長に降参したが、山名氏の家老や因幡の国人たちが豊国を追放した。最初毛利氏から城番として牛尾元貞が送られたが、但馬国内の戦闘で負傷したので、そのかわりとして、経家が選ばれたのである。経家は鳥取城がある久松山の北に丸山城を築き、両者の間の雁金山にも陣を置いた。

　同年六月秀吉は大軍を率いて姫路を出発、その軍は陸と海から鳥取に集結した。秀吉は、大規模で厳重な包囲陣をしき、城を兵糧攻めにした。この時毛利氏は、吉川元春が伯耆の南条氏と対戦中で、毛利輝元・小早川隆景も備中・美作で転戦中で鳥取城の救援はとうていできなかった。鳥取城中は、兵糧不足ですぐ飢餓状態となり、防戦も極限に近づいた。経家は、秀吉と開城の条件を交渉し、自身の命と引き換えに城兵の助命を願った。

吉川経家銅像

　しかし秀吉は、山名豊国を追放した家老や国人の助命を決して受け入れなかった。十月二十五日鳥取城は開城し、吉川経家は自刃し、山名氏家老や国人たちもそれぞれの陣所で自刃した。経家は、死後の処理を指示し、吉川広家や遺族宛に遺言状を残した。その遺言には、織田・毛利二大勢力が天下を争う「日本二ッ之御弓矢」の場で切腹することは名誉であると記している。

N
荒木勘十郎
松井猪之助
鹿足元忠
千代川
青木勘兵衛
道場山
高野駿河守
昼食山
垣屋隠岐守
垣屋播磨守
城山
右翼軍
吉川平助
丸山城
奈佐日本助
山県左京進
境与三右衛門尉
佐々木二郎左衛門
袋川
浅野長吉
桑山修理
摺鉢山
宮部継潤
杉原家次
塩谷高清
雁金山
羽柴秀長
羽柴秀吉
吉川経家
鳥取城
大平
本陣山
久松山
森下道誉
中村春続
堀尾吉晴
加藤光泰
左翼軍
黒田孝高
平地軍
一柳直末
小西谷
蜂須賀正勝
仙石権兵衛
滝山
神子田正治
木下助兵衛
荒木平太夫
中村一氏
岩倉
宮下
羽柴軍の主な陣地
毛利軍の主な陣地
羽柴軍包囲網
逆茂木・乱杭

鳥取城攻め配陣図

秀吉の中国攻め

⑥ 高松城水攻め

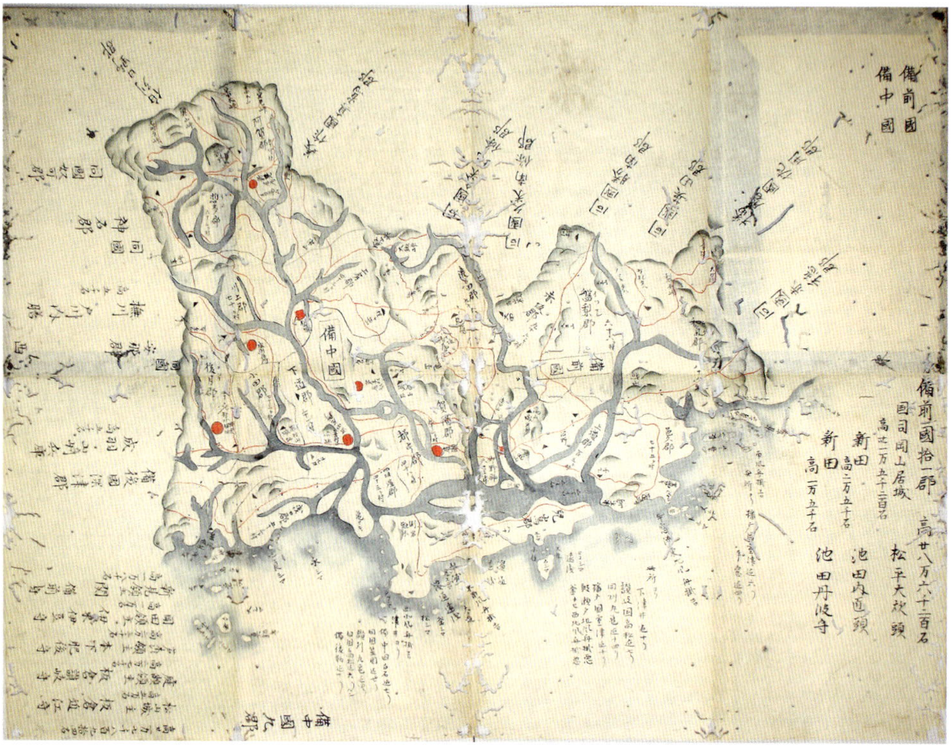

◎ 67　**備前国・備中国彩色絵図**　彦根城博物館蔵

江戸時代から彦根藩に伝来した絵図である。いずれかにあった原本を写した写本と考えられる。右端下部に備前国の総石高と藩主の名前がある。松平大炊頭は岡山藩五代藩主・池田継政（1700 ～ 76）、池田内匠頭は岡山新田藩（鴨方藩）４代藩主・池田政香（1741 ～ 68）、池田丹波守は岡山新田藩（生坂藩）４代藩主・池田政弼（1742 ～ 76）である。それぞれの家督相続と死去の年月より、この絵図の原本は、明和５年（1768）に描かれた可能性が高い。

絵図は、城と街道や河川・海を中心に描かれていて、古城址の記載もある。賀陽郡の左上に「□山城址」があり足守川畔で竜王山の前面であるため、ここが高松城跡を表しているのかも知れない。

68　**清水宗治・七将像**　個人蔵

備中高松城主・清水宗治（?～一五八二）と、高松城落城に際して切腹した毛利方の武将や家臣等七人の肖像画である。中央上部に宗治を描き、左下に宗治の兄・清水月清、右には高松城へ送り込まれて来た毛利軍の監視役・末近左衛門信賀を配している。両人とも、六月四日宗治と共に舟上で切腹したという。月清の下に四月二十五日に高松城の支城・冠山城で切腹した林重真、国府市正、小者七郎次郎を描く。末近信賀の下には、宗治の家臣で共に切腹した難波伝兵衛・白井与三衛門治嘉を描く。宗治・七将の他に月清の馬の口取・与十郎を右下部に配置する。

この肖像画は、宗治の兄「月清」の子孫の家に伝来した画像である。江戸時代になって、宗治直系の家が所蔵していたものと伝えられている。

69　短刀　銘備州長船祐定作／天正二年二月日　個人蔵

この短刀は、清水宗治の兄・月清入道（宗知）が自刃に用いたものと伝える。

本刀は、備前国長船（岡山県邑久郡長船町）の刀鍛冶「祐定」の作品である。「祐定」は、鎌倉時代に始まる名門長船派の最後を飾る刀工である。祐定家は、長船鍛冶のなかでよほど人気があったと考えられ、祐定銘を切る刀工は、60余人もいたという。この短刀は、当時のいわゆる「現代刀」で実用されたと考えられる。月清入道が高松城内で指していた可能性が高い。

平造りの短刀で、鍛えは板目肌流れて肌立ち、刃文は小沸出来の中直刃を焼く。帽子は突き上げて小丸に返る。茎は刃上がり栗尻で、典型的な備前茎である。表に「備州長船祐定作」裏に「天正□年二月日」の刻銘がある。同時代と考えられる黒漆塗鞘合口拵が付属する。

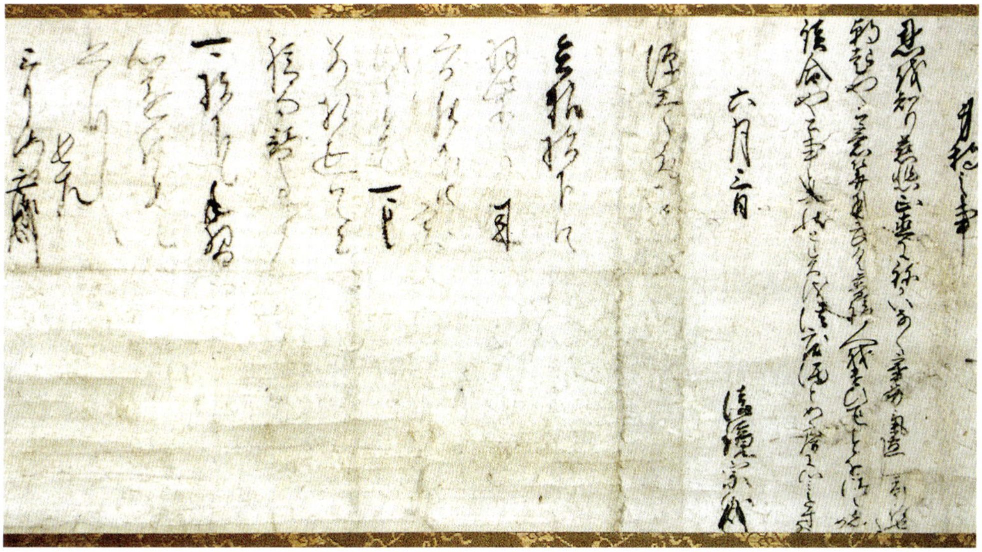

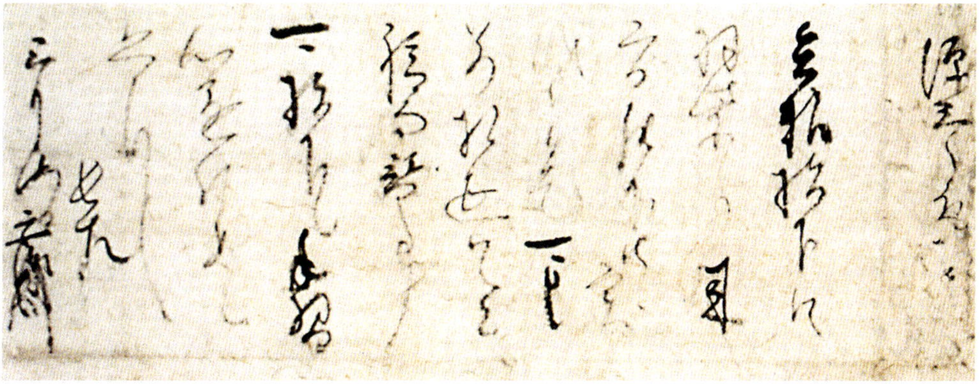

（部分拡大）

70　清水宗治書状　清水源三郎宛　個人蔵

清水宗治が、秀吉の高松城攻めを前に、嫡子源三郎に宛てて出した書状である。源三郎は、父宗治が毛利氏に忠誠を誓うあかしとして、備後三原（広島県三原市）の小早川隆景の許へ届けられた。内容は、源三郎へ兵糧を送ること、秀吉が４月２日に備中国へ侵攻すること、また手習いを怠らぬよう申し述べている。内容・宛先などから、宗治の自筆である可能性が高い。現状は掛幅装となっているが、本来文書奥にあった「源三郎参」とある宛名がその部分のみ切断され、軸につけ足されている。また宗治が自刃の前日、源三郎に書き残した「身持之事」と題する歌３首が添えられるが、別筆であろう。

高松城水攻めに関連する毛利方の動向がよく伺える文書である。

72 **陣鐘**　清鏡寺蔵

陣陣鐘は、陣中で進退の合図や士気を鼓舞するために打ち鳴らした小型の釣鐘（半鐘）である。備中高松城内で使用されたと伝えられている。清水宗治の嫡子源三郎景治が、江戸時代になって毛利氏に仕え、附近の立野村を領有したことから清鏡寺（山口県光市）を清水家の菩提所とした。清鏡寺に伝来した陣鐘である。

73 **鉄鐙蔵**　清鏡寺蔵

鞍の両脇に鐙釣革（革紐製・力革ともいう）で釣り下げ、騎者の足を踏み懸ける馬具である。この鉄鐙は、清水宗治所用と伝えるものので、本来は一対であったが、片方は失われている。清水宗治の嫡子源三郎景治が宗治の菩提所と定めた清鏡寺（山口県光市）に伝来している。

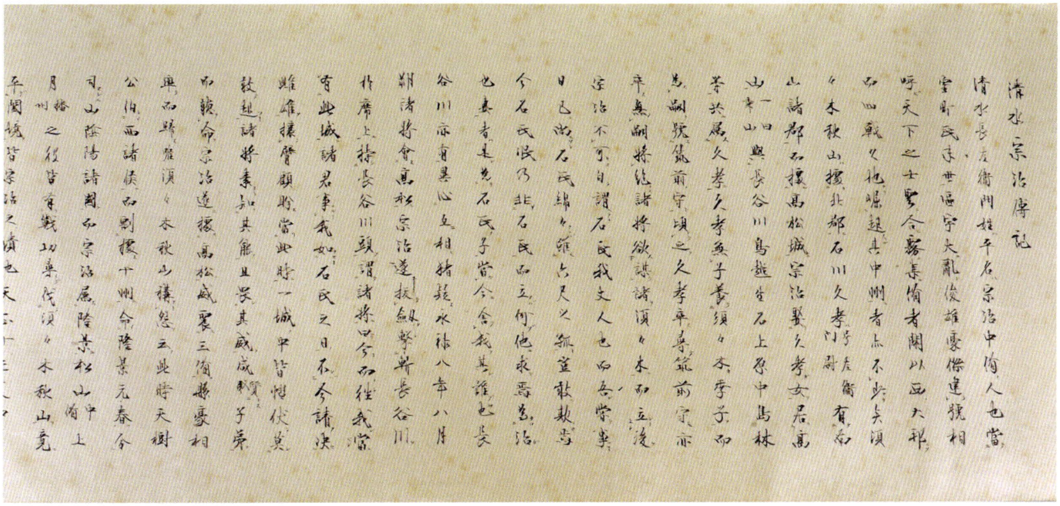

74　清水宗治伝記　高松城址保興会蔵

備中高松城主・清水宗治の伝記を記したもの。初め備中国賀陽（かや）郡高山（幸山）に寄り、高松城主石川久孝の女を娶って、長谷川氏・鳥越氏と共に家臣であった。しかし久孝が没して嗣子がなく、永禄8年（1565）8月長谷川氏が城主になろうとすると、宗治が剣を抜き長谷川氏を殺して自ら城主になったことを冒頭に記している。そして高松城の守備の様子、鳴子（なるこ）の設置や堀の普請なども記している。秀吉軍との戦闘の様子にも触れている。最後の奥附に、伝記を写した清水清太郎・中嶋壽□の名があり、「庚戌之夏於備中国分寺写之」の巻記があるため、幕末に国分寺で書写されたことがわかる。

①

②

75　備中高松城跡出土品　岡山市教育委員会蔵

①弓矢茗荷文軒平瓦　１個

②土師器皿　２枚

昭和 50 年（1975）秋、高松城跡公園整備に伴う発掘調査で出土した資料である。出土場所は、本丸南側周辺である。「弓矢茗荷（みょうが）」文様は、弓矢が戦を表し、茗荷は神仏の「冥加（加護）」を願うという掛詞で、「戦に冥加（加護）があらんことを願う」の意味である。高松城は、備中を領した三村氏の家臣であった石川氏が築城し、城主・石川久孝に嗣子がなかったので、久孝の娘婿であった清水宗治が城主となった。城周辺には、深田・池沼が広がり、難攻不落を誇った。

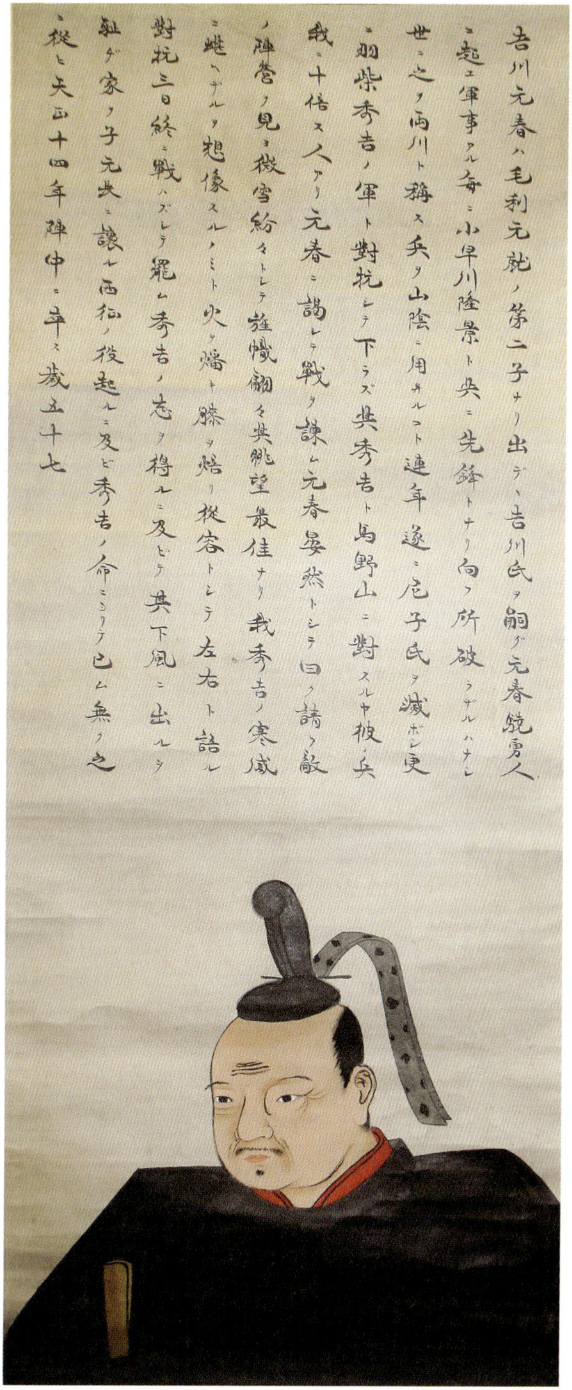

76　吉川元春像　岩国美術館蔵

吉川元春（一五三〇～八五）は、毛利元就の二男。吉川氏は、もともと鎌倉幕府の御家人で、四代経光が承久の乱の戦功によって安芸国大朝本荘の地頭職を与えられた。毛利元就の正室「妙玖」は、十二代吉川国経の娘であった。元就の二男・元春は、十四代興経の養子となって母の実家・吉川家を継いだ。元春は、吉川一族が石見国に広がり、因縁も深いため父元就から石見国経略を任された。やがて元春は、山陰地方に君臨していた尼子氏と対決しついに滅亡させる。小早川家を継ぎ山陽方面を担当していた弟の隆景と共に、父元就・甥輝元を支え、世に毛利の「両川」と謳われた。中国経略で播磨に侵攻した羽柴秀吉としばしば衝突した。天正六年（一五七八）の播磨上月城攻防戦では、秀吉軍を破って上月城を落とし、尼子勝久を切腹させ、山中幸盛（鹿之介）を捕えて殺した。秀吉の天下統一後は、秀吉から離れ、家督を長男・元長に譲り隠居した。

この肖像画は、洞泉寺に伝来した「吉川元春像」（吉川史料館蔵）の明治時代の模写である。上部の賛に、元春の伝記を載せる。特に伯耆馬ノ山にて、秀吉軍と対峙した時の様子を記している。

77　**小早川隆景像**　大阪城天守閣蔵

小早川隆景（1533～97）は毛利元就の三男で、元就没後、吉川家を継いだ次兄・元春と共に甥の輝元を後見した。毛利家を支えて、次兄と共に、「毛利の両川」と謳われた。天正10年（1582）備中高松城攻めには、毛利輝元・吉川元春と共に出陣して対峙していた。本能寺の変を知った秀吉は、急遽講和をまとめ、姫路へと退却を始めた。その時に、毛利方では追撃策が強く主張されたが、隆景はこれを退け、以降秀吉の信頼を得たと考えられる。隆景は、慶長2年（1597）6月12日に三原城内で没し、小早川家の養子となっていた秀俊（秀吉の養子・のち秀秋）が関ヶ原合戦後岡山城主となっていたが、慶長7年10月18日に亡くなり、無嗣のため断絶となった。

しかしこの時に側室に子がおり、生まれた男子は秀秋の長男・木下勝俊の六男として養育され、「秀行」と名乗ったという。その子孫は、備中・足守藩主木下家の家臣となる。

本像は、この土肥家に伝来した衣冠姿の坐像で材質はヒノキ、眼には玉眼を貫入している。「土肥」姓は、小早川氏本来の名字である。

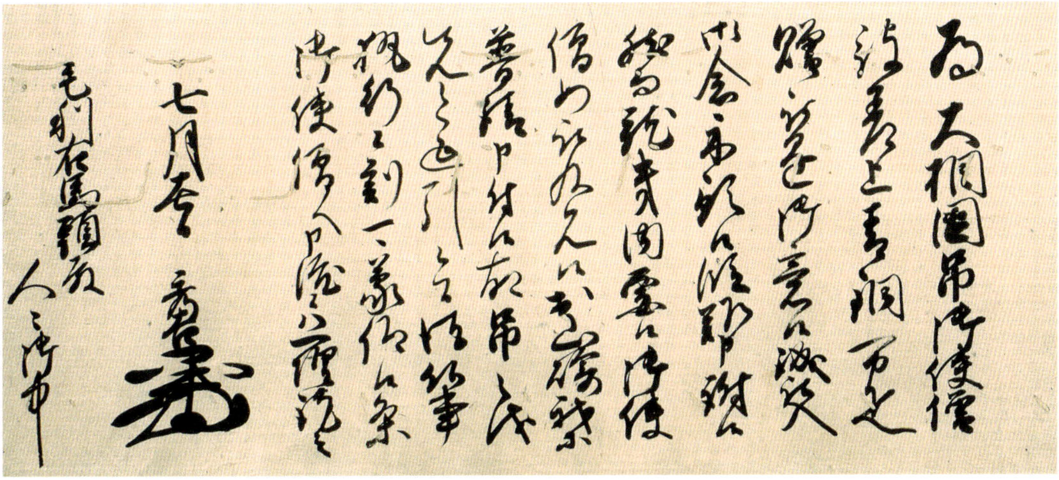

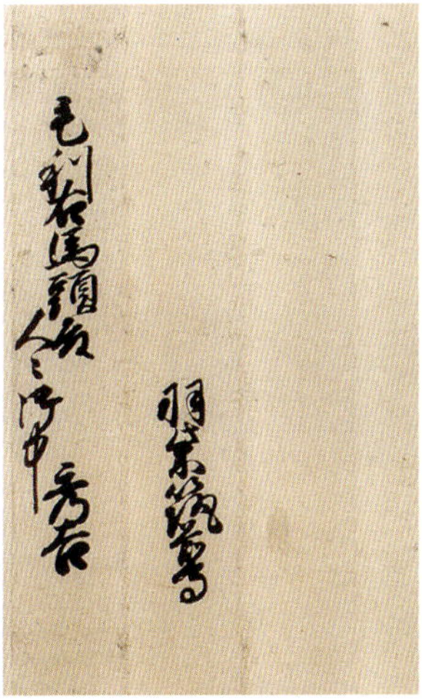

◎78　**羽柴秀吉書状　毛利輝元宛**　毛利博物館蔵

秀吉が毛利輝元に送った書状である。輝元が織田信長の葬儀のために使僧を派遣して銅銭一万疋を贈ったことに対して礼を述べている。ただし秀吉は、銅銭を感謝しつつも、山崎で城を築いているので、葬儀を先延ばしにしていることを伝えている。秀吉は、本能寺の変で死去した信長の葬儀を自ら行おうと画策していた。その情報が毛利家に伝わり、使者を派遣し銅銭を贈ったと考えられる。これは、秀吉の養子「於次秀勝」が信長の四男であるため、毛利家が主催者と認めたと考えられる。

山崎城は、天王山山頂に築かれた天守台を備えた本格的な城で、大坂城築城までは秀吉の本拠地であった城である。この築城が柴田勝家や織田信孝を刺激し、後の賤ケ岳合戦の要因の一つとなる。

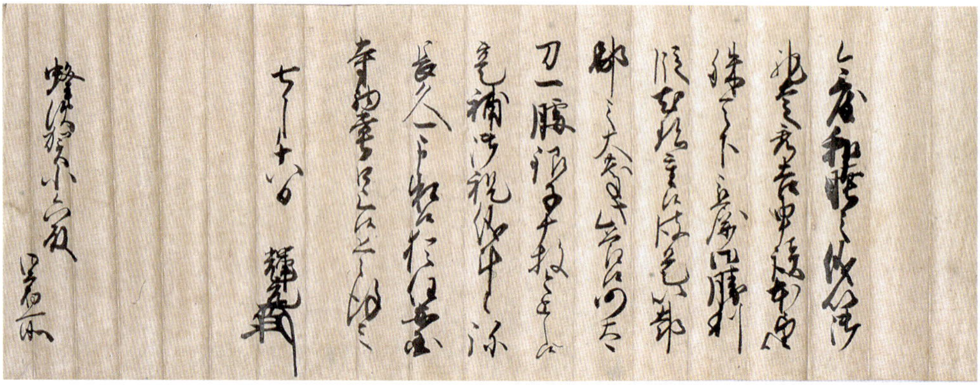

79　毛利輝元書状　蜂須賀正勝宛　大阪城天守閣蔵

天正10年（1582）7月18日附で、毛利輝元が蜂須賀正勝に出した書状である。備中高松城における秀吉と毛利家の和睦成立を喜んでいる。また秀吉が明智光秀を破った山崎合戦について、きわめて目出度いことで、都と田舎で大いに祝い喜ぶことと書き送っている。また戦勝の祝儀として太刀1腰と銀100枚を進上すると述べている。本状と以下の3通（資料80〜82）は、もと阿波徳島藩主蜂須賀家に伝来した古文書である。これらを納める桐箱には、表に「御書」と墨書があり、「毛利長曽我部小早川吉川ヨリノ書状八通」とある近代の貼札が付属する。

備中高松城攻めの和睦交渉は、秀吉方から黒田孝高と蜂須賀正勝・家政父子が、毛利方からは安国寺恵瓊が出席して行われた。

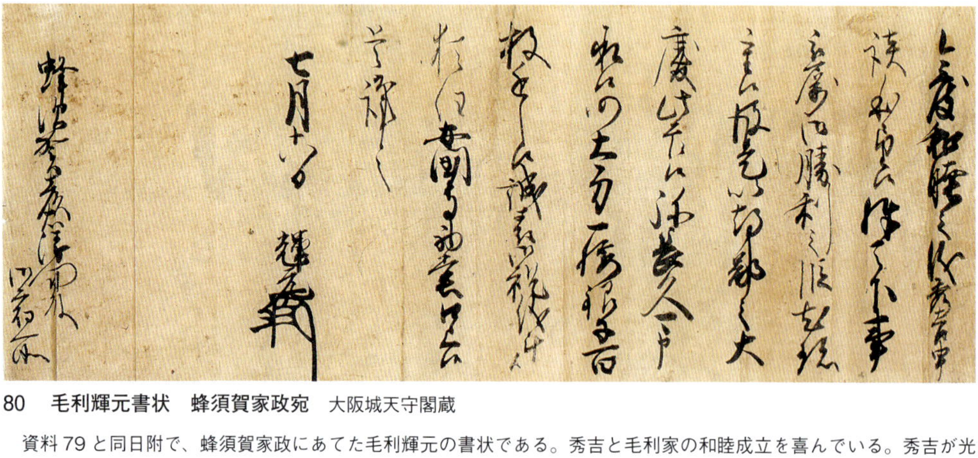

80　毛利輝元書状　蜂須賀家政宛　大阪城天守閣蔵

資料79と同日附で、蜂須賀家政にあてた毛利輝元の書状である。秀吉と毛利家の和睦成立を喜んでいる。秀吉が光秀を破ったことが極めてめでたいことで、全国津々浦々で大いに喜ぶべきことと書き送っている。両軍和睦における家政の御馳走（奔走）が特記され、講和の際に家政の働きが大きかったことが述べられている。ただし戦勝の祝儀としておくられた銀子は、父正勝の10分の1の10枚である。詳しくは毛利家の使僧「安国寺恵瓊」が口頭で述べると記している。

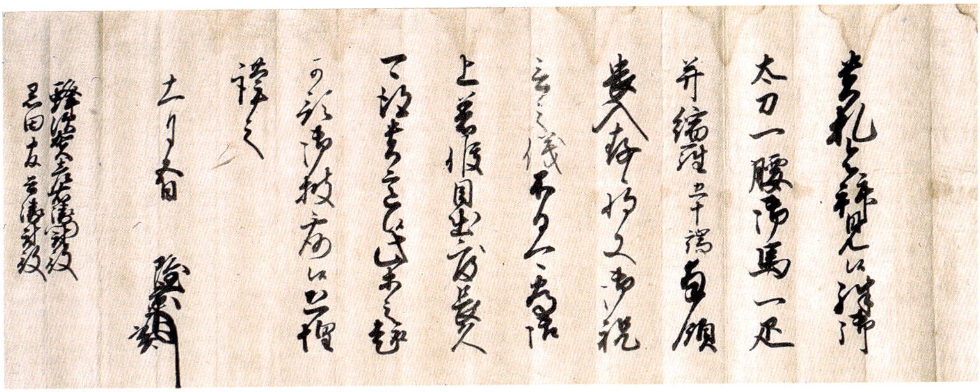

81　小早川隆景書状　蜂須賀正勝等宛　大阪城天守閣蔵

天正12年（1584）12月26日、秀吉の養子・羽柴於次秀勝と毛利輝元の養女が結婚した。本資料は、これに先立った同年11月5日附で、蜂須賀正勝と黒田孝高に宛てた小早川隆景の書状である。秀吉から祝儀として太刀1腰・馬1匹・縮羅50反を贈られたことについて礼を述べている。また、両者の縁談がまとまったことを心から喜んでいると秀吉に伝えてほしいと依頼している。宛先の蜂須賀正勝と黒田孝高は、備中高松城攻めの講和の際に秀吉方の代表として交渉にあたった武将であり、以降も両人は、毛利氏との取次役を務めていた。

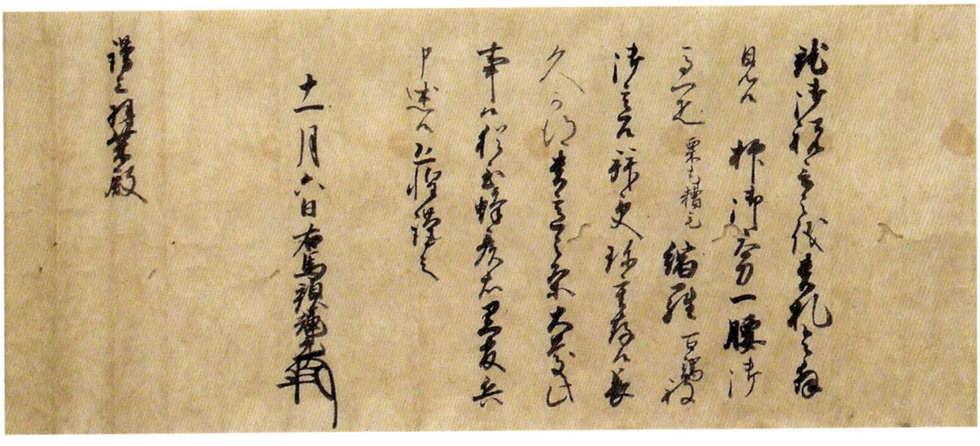

82　毛利輝元書状写　羽柴秀吉宛　大阪城天守閣蔵

天正12年11月5日附で毛利輝元が羽柴秀吉へ書き送った文書の写である。12月26日に大坂で行われる秀吉養子「秀勝」と輝元養女の縁組に先立ち、両家で祝儀を交換する内容となっている。その祝儀は、太刀1腰・馬1疋（栗毛・糟毛）・縮羅百反が贈られた。本紙が極端に薄いため写と考えられているが、『大日本史料』天正12年12月26日条に記載があり、もともとは原装の包紙が付属していた様なので原本の可能性もあるかもしれない。

⑥ 高松城水攻め

　鳥取城を攻め落とし、因幡を平定して山陰からの毛利勢の侵入を防いだ秀吉は、山陽道から中国地方に侵攻し、一気に毛利氏と雌雄を決することを考えていた。すでに備前・美作両国を領有する宇喜多秀家（直家の子）は、織田信長に降服していた。そこで秀吉は、備中侵略を目標に定めたのである。

　迎え討つ毛利方は、天正十年（一五八二）正月、小早川隆景が備前との国境にある諸城の城主を三原に召集した。秀吉の備中侵攻に備えて、開かれたこの軍議では、各城が防備を厳重にすることが申し合されたのである。

　同年三月十五日、秀吉は播磨・但馬・因幡の兵を率いて姫路城を出陣した。同月十七日には秀吉は、養子「於次秀勝」の具足初め（初陣）に、秀吉が後見して備前児島の城を攻め落した。そして四月四日宇喜多秀家の岡山城に入った。この時秀吉は、黒田孝高と蜂須賀正勝を備中高松城の清水宗治の許へ派遣し「備中一国を与える」という条件で投降を説得した。しかし宗治は、きっぱりとこれを拒否する。宗治は、小早川隆景の家臣の中から特に選抜されて備中境目の守備の重責を任された人物であったのである。

　そこで秀吉は、四月十四日に備中に侵攻

高松城跡石碑

高松城跡北より

清水宗治首塚

し、高松城の西北龍王山に本陣を置いた。高松城周辺の属城・冠山や宮路山城の両城を落とし、加茂城に猛攻を加え本丸を残すだけとなった。こうして秀吉は、着々と高松城攻めへの態勢を整えていく。

　備中高松城は、三方を山で囲われ、その中を南西に向かって開いた谷の出口に築城されていた。谷の幅は、約一・五キロで、その南には沼地が広がり、そして足守川が南東に流れていた。高松城は、秀吉が「平城にて候を、数年相こしらえ、その上三方深田にて責口なく」と言うほど天然の要害であった。五月七日に秀吉は、高松城外の蛙ヶ鼻に陣を移し、攻撃を開始する。秀吉は高松城の地形を考え、足守川の水を堰き止めて城を水攻めにすることを思いついたと伝えている。またこれは、黒田孝高の献策とも伝えられる。

　城の南側、唯一谷の開く南東部分に、城の西側・福崎から東の蛙ヶ鼻まで、延々三キロにも及ぶ大規模な堤を築いた。高さ七・二メートルで、幅は基礎部分で二十一・六メートル、上部で一〇・六メートルを測ったという。この築堤を秀吉はわずか十二日間で工事を竣工させた。そして西から足守川の水を土塁の中に入れ、五月十九日には一八八ヘクタールの水面上に高松城が浮かび上がった。また秀吉は、龍王山の北を流れる鳴滝川の水も開削して流入させようとしたが、失敗に終わっている。

　毛利方は、吉川元春・小早川隆景が先陣として備中に入り、五月二十一日には高松城外に進出する。そして元春は岩崎山に、隆景は日差山に布陣した。毛利輝元も自ら出陣し、猿掛城に本陣を置いた。しかし水上に浮かぶ高松城を救援することはできず、南から傍観するしか策がなかった。これに対して、秀吉は高松城の東・石井山に本陣を構え、羽柴於次秀勝・宇喜多忠家（秀家の叔父）を北に配置した。両軍は高松城を挟んで、南北に睨みあったのである。

　膠着したこの状況で、城兵の窮状を見かねた毛利輝元は、安国寺恵瓊を秀吉の許に派遣し和議を申し入れた。秀吉は「備中・美作・伯耆・備後・出雲の割譲と城主清水宗治の切腹」を主張し、両者の主張が折り合わず難航したという。

　しかし六月二日未明、織田信長が明智光秀のために攻められ京都・本能寺で自決、信忠も二条城で切腹したとの急報が秀吉に届いた。秀吉は、「信長の死」を秘したまま、講和条件を緩和して、安国寺恵瓊を介して毛利氏を説得させた。その結果「備中・美作・伯耆」の割譲と清水宗治の切腹

足守川取水口跡

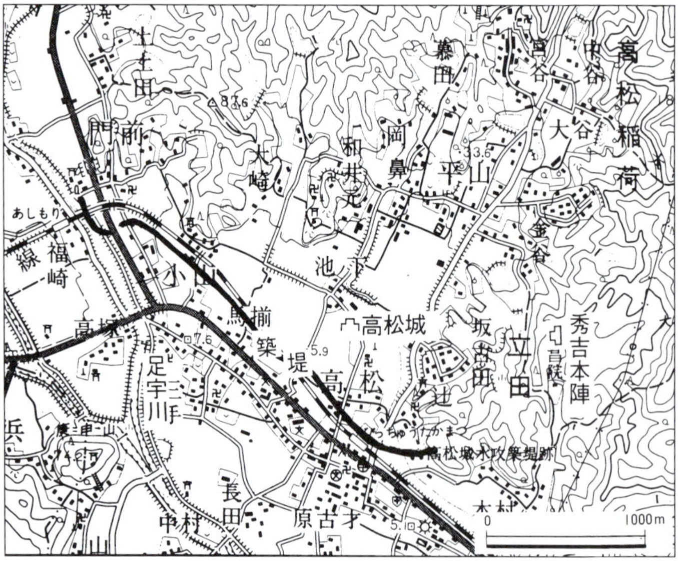

高松城付近

を条件に和議が成立した。六月四日宗治は、秀吉陣の前に小舟を漕ぎだし、兄・月清入道と共に自刃した。秀吉はただちに高松城を接収して杉原家次に守備させ、姫路城へ取って返し、六月七日には姫路に帰城した。毛利方が信長の死を知ったのは、翌五日のことであった。

清水宗治（一五三七〜八二）

清水宗治・七将像（部分）　個人蔵

天文六年（一五三七）に生まれ、幼名才太郎、字は長左衛門。もともと備中国沖郡の石川久孝に属する同国賀陽郡幸山（高山・甲山）城主であった。しかし石川久孝とその嫡子が相次いで没し家督を継ぐ嗣子がいない状態となる。久孝の家臣・長谷川氏が高松城主になろうとしたが、宗治がこれを殺し、自らが主家に代わり備中高松城主となった。

宗治は、久孝の娘婿である。備中に勢力を伸張してきた毛利氏の支配下に入り、小早川隆景に属した。宗治の策謀により、備中国奥郡も毛利支配下となる。毛利氏は奥郡の押えとして、穂田元清を猿懸城に配置した。天正十年（一五八二）四月、備中国進出を目論む秀吉から、再三歓誘工作がなされたが、宗治はこれに応じなかった。使者の蜂須賀家政・黒田孝高が備中・備後国下附の信長誓紙を持参したが、宗治は拒絶し誓紙を毛利氏に届けた。

秀吉は四月下旬城を十重二十重に包囲し攻め落そうとする。しかし城は、周囲に沼田が広がる難攻不落の名城であった。秀吉は力攻めは困難と見て、水攻めに切り替えた。城のある谷の入り口に堤を築き、目前を流れる足守川の水を引き込んだ。毛利氏は救援軍を派遣し、輝元が猿懸城に入り、吉川元春・小早川隆景は岩崎山に陣を置いたが、秀吉軍は厳重に守備し、城を救うことが出来なかった。輝元は講和を決意し、安国寺恵瓊を使者に講和を申し入れたが条件で折り合わなかった。その時「本能寺の変」が起こり、秀吉は信長の死を秘して講和を進めた。

両者は「宗治の自刃と開城、城兵の助命」に決し、最後まで毛利氏に忠誠を尽くした宗治は、天正十年六月四日に自刃し、兄月清入道・毛利氏の検使・末近信賀も後を追った。辞世は、「浮世をば　今こそ渡れ　武士（もののふ）の　名を高松の　こけに残して」であるという。高松城で自害した宗治等の子孫は、近世毛利氏の家臣となっている。

小早川隆景（一五三三～九七）

小早川隆景像　大阪城天守閣蔵

毛利元就の第三子で母は吉川国経の女（法号妙玖）。天文二年（一五三三）生まれ、幼名徳寿丸、長じて又四郎。中務大輔ついで左衛門佐に任ずる。天文十三年（一五四三）安芸国竹原小早川家を継ぎ、翌年大内義隆へ人質として送られ、三年で帰る。天文十九年（一五五〇）沼田小早川家を継ぎ、両小早川家を合わせた。翌年沼田高山城に入る。兄元春と共に、父元就、没後は甥・輝元を援け、毛利氏を山陰・山陽の大半と九州の一部を領有する大名とした。兄と共に「毛利の両川」と称せられた。

天文二十三年（一五五四）より陶晴賢との決戦に折敷畑・矢野保木城・厳島などに転戦し戦功をあげた。西方では、永禄二年（一五五九）門司城を救援し、永禄十二年には、九州・筑前立花城を攻め落している。北方では、永禄六年以降尼子氏攻略に従っている。元亀二年（一五七一）足利義昭の命により備前の浦上氏・宇喜多氏と通じる三好氏の本拠・讃岐に出兵した。天正三年（一五七五）信長に応じた備中国の三原氏を追放し、翌四年以降、水軍で本願寺等の反織田勢力を援助した。天正十年秀吉の高松城包囲軍を破るために、元春と共に織田軍と対陣した。本能寺の変により、秀吉が軍を戻す際には、これを追撃しようとする主張を退けている。秀吉は後日これを聞き、意気に感じて両者が互いに連携するようになったという。翌年養子元総（秀包）を元春の子経言と共に人質として秀吉に出している。

同十三年の紀州攻めには警固船を動員して援け、四国平定には元春と共に伊予を攻略し讃岐に入った。九州征討には、天正十四年八月先鋒として豊前国を攻略し、以降九州諸城を攻め落した。天正十八年の小田原攻めにも従軍、文禄の役でも朝鮮に渡海し、碧蹄館の戦いでは立花宗茂と共に明の大軍を撃破して勇名をはせている。

帰国後、文禄四年（一五九五）従三位中納言に叙任され、豊臣家重鎮大名の一人に列せられる。その後まもなく、秀吉の妻・北政所の甥・秀秋を養子に迎え、家督を譲り備後三原に隠退した。慶長二年（一五九七）六月十二日病死した。

龍王山
N
最上稲荷
羽柴勢
毛利勢
筑堤跡
浅野弥兵衛
宇喜多忠家
平山
宇喜多勢
加藤清正
津田与左衛門
生駒市左衛門
宇喜多勢
和井元
大崎
門前
足守
小山
血吸川
高松城
清水宗治
蜂須賀彦右衛門
堀尾茂助
辻
石井山
羽柴秀吉本陣
備中
高松
黒田官兵衛
佐久間忠兵衛
前川
吉川元晴
楢崎十兵衛
木原兵部
井上伯耆守
原古才
蛙ヶ鼻
足守川
岩崎
立田
鼓山
山内猪右衛門
花房助兵衛
羽柴秀長
造山
小田孫兵衛
細川兵部
杉原播磨守
吉備津
鴨庄城
天神山
黒住
吉備津神社
来島刑部
楯山
日幡城
小早川隆景陣所
日差山

高松城攻め配陣図

岐阜県
若狭湾
長浜城
琵琶湖
福井県
安土城
京都府
滋賀県
竹田城
山口岩洲城
八上城
京都
兵庫県
野間城
三田
茨城城
置塩城
渡瀬城
豊地城
伊丹城
三重県
中道子山城
淡河城
有馬
姫路城
三木城
志方城
大阪府
尼崎城
神吉城
丹生山城
鷹尾城
御着城
加古川城
端谷城
野口城
高砂城
花熊城
阿閇城
枝吉城
魚住城
岩屋城
奈良県
由良城
和歌山県

天正10年までに秀吉軍（織田軍）が攻略した城

秀吉　天下人への道

明智光秀本陣（左隻部分）

（左隻）

83　山崎合戦図屏風　大阪城天守閣蔵

天正 10 年（1582）6 月 13 日に明智光秀と羽柴秀吉等が戦った山崎合戦を描いたもの。左隻では、明智光秀本陣が中央に配され、左方に斎藤利三隊の奮戦が描かれる。右には、筒井順慶の部隊も見える。右隻は、左手に秀吉本陣を描写し、中央から右手にかけて丹羽長秀隊や堀秀政隊などの秀吉方諸隊を配置する。離宮八幡宮や西観音院、西国街道沿の民家など背景の描写も丁寧な筆致で表現している。人物表現、特に群像の描き方に秀でており、江戸時代後期のかなり手慣れた町絵師の作品と考えられる。

秀吉本陣に「千成瓢箪」が描かれているため、この逸話を流布させた『絵本太閤記』出版（1797 ～ 1802）以降の成立と推定される。

羽柴秀吉本陣（右隻部分）

（右隻）

秀吉

天下人への道

―本能寺の変・山崎合戦と湖北―

天正十年（一五八二）六月二日早暁、中国出馬のため京都四条西洞院の本能寺に宿泊した信長は、部将明智光秀に襲撃され自害し、長子信忠も二条城で切腹した。

この変報に接した秀吉は、毛利方と急遽和睦し、六月六日未の刻（午後二時ごろ）に高松を出発、夜に備前の沼に着き、七日大雨疾風の中を姫路に帰城した。

六月七日姫路に帰城した秀吉は、将兵を二日間休息させ、九日浅野長吉（長政）を姫路城に留守として残し、京都をめざして進撃を開始し、十一日午前中に摂津尼崎に進出した。この時期、秀吉側も光秀側も互いに味方を増やすことを考え、調略をつづけていた。しかし事態は、秀吉有利に動き、光秀の与力細川父子が秀吉に応じ、また筒井順慶も応ずるかまえを見せた。そこで十二日、秀吉は有岡城主（伊丹市）池田信輝（恒興）らと相談し、大坂にいた信長の三男信孝を自己の陣営に迎え入れ、この夜は、摂津富田に野陣を張り軍議をこらし部署を定めた。信長の遺子を擁し、「信長の弔合戦」という秀吉の大義名分は光秀を圧倒、秀吉方三万余・光秀側一万余という兵力の差となって如実にあらわれた。

光秀は、秀吉三万の兵力を迎え撃つには京都郊外、山崎の地以外にはないと考え、勝龍寺城（長岡京市勝竜寺城ノ内）に進んだ。

十三日午後四時ごろ合戦の火ぶたが切られ、戦いは天王山を占拠した秀吉方が優勢のうちにすすみ、明智軍では斎藤利三らが奮戦したが、秀吉勢の勝利となった。光秀は勝龍寺城にいったん入ったが、坂本で再挙をはかるべく、十三日夜に間道を通って伏見方面に向かい、小栗栖の竹やぶを通ったところ、土民によって殺された。そして十七日、光秀の首が本能寺にさらされ、山崎合戦は決着する。

本能寺の変によって湖北は、一時争乱状態となる。長浜城内に居住していた秀吉の家族（妻おねと母なか　など）は、広瀬兵庫助の護衛で、姉川をさかのぼり、甲津原（米原市甲津原）を経て、兵庫助の本拠である美濃国広瀬（岐阜県揖斐郡揖斐川町広瀬）

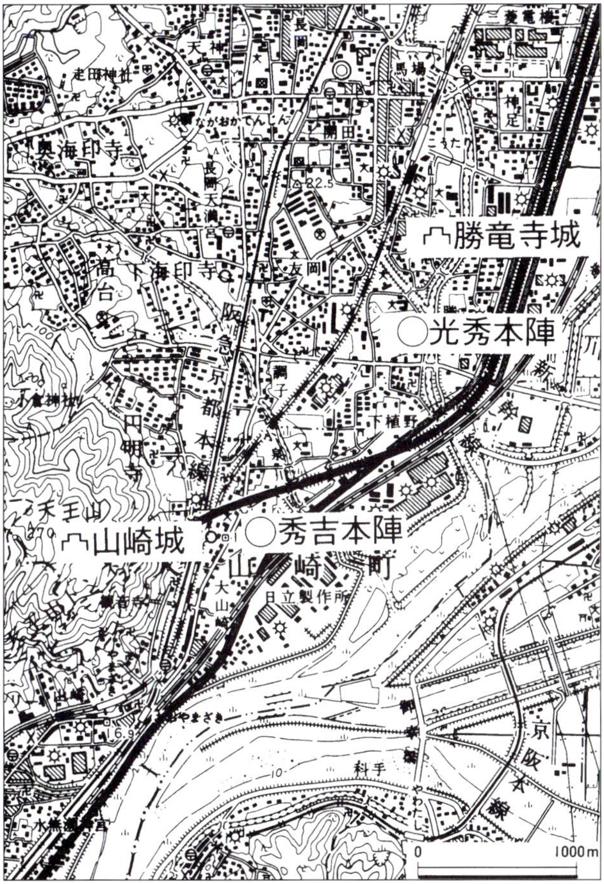

山崎付近

に匿われた。また木下家定の五男・秀秋（秀俊）が、総持寺（長浜市宮司町）に、隠れていたという。

近江の諸侍のなかで、明智光秀の招きに応じたのが京極高次・阿閉貞大などであった。彼らは長浜城を攻め、入城するが、山崎合戦で大勝した秀吉に驚き、高次は山中に逃げ、貞大は山本山城（長浜市湖北町・高月町）に退却して、降服を申し出たが、殺されたという。

むすびにかえて

これまで秀吉は、信長の有力武将として活躍してきた。しかし本能寺の変で信長から解放された。その後は天下人への途を驀進するのである。

天下人への階梯をのぼるための助走として、秀吉にとって中国攻めは大きな意味があったのである。その過程で得た人脈と所領、生野銀山や多田銀山に代表される鉱山などの資金が飛躍の契機になったのは言うまでもない。

ただそこには、攻め込まれて殺された播磨・摂津・但馬・因幡・備中の国人・土豪・百姓・女・子供たちの死屍がるいるいと横たわっていることを忘れてはならない。秀吉は征服者・侵略者であることを忘れることはできない。

『秀吉に備えよ!! ―羽柴秀吉の中国攻め―』展示資料目録

＊法量の単位は、すべてセンチメートルである。
＊番号の上の記号は、以下の内容を示す。
◎…国指定重要文化財　□…県指定文化財
△…市指定文化財　Ⓡ…複製資料（レプリカ）

《秀吉の本拠・長浜城と家臣たち》

1　豊臣秀吉像　一躯
木造　寄木彩色
安土桃山時代
像高六六・五　膝張六六・五　膝奥四四・〇
愛知県　名古屋市秀吉清正記念館蔵

◎2　豊臣秀吉像　一幅
絹本著色
慶長五年（一六〇〇）
一〇九・五×五一・〇
大津市　西教寺蔵

3　豊臣秀吉像　一幅
絹本著色
寛政九年（一七九七）
一一〇・五×五六・一
長浜市宮前町　長浜八幡宮蔵

4　縹糸下散紅威胴丸　一領
安土桃山時代
胴高三五・七
大阪府　大阪城天守閣蔵

5　富士御神火文黒黄羅紗陣羽織　一領
安土桃山時代
丈九七・八　裄二六・〇
大阪府　大阪城天守閣蔵

6　色々糸威切付札二枚胴具足　一領
安土桃山時代
胴高三八・〇
愛知県　名古屋市秀吉清正記念館蔵

7　皺革包胴丸具足　一領
安土桃山時代
胴高四三・〇　胴周八八・〇
個人蔵

8　北政所像　一幅
絹本著色
寛文六年（一六六六）
一二七・五×五一・〇
愛知県　名古屋市秀吉清正記念館蔵

9　羽柴於次秀勝像　一躯
木造　江戸時代（前期）
像高三五・〇　袖張五一・二
京都府　瑞林院蔵

◎10　竹生島奉加帳　一帖
紙本墨書
天正四年～十六年（一五七六～八八）
三一・〇×四〇〇・二
長浜市早崎町　竹生島宝厳寺蔵

11　有馬則頼像　一幅
紙本著色
慶長七年（一六〇二）
八八・四×四四・七
京都府　京都大学総合博物館蔵

12　池田恒興像　一幅
絹本著色
江戸時代（中期）
八九・三×四五・六
大阪府　大阪城天守閣蔵

《播磨侵攻》

◎13　播磨国彩色絵図　一舗
江戸時代
四一・五×五三・〇
彦根市　彦根城博物館蔵

14　黒田孝高像　一幅
紙本著色
江戸時代（後期）
五八・六×三七・〇
大阪府　大阪城天守閣蔵

15　黒田二十四騎図　一幅
紙本著色
江戸時代（後期）
四四・〇×九三・〇
大阪府　大阪城天守閣蔵

16　黒田孝高夫人（照福院）像　一幅
紙本著色
江戸時代（前期）
京都府　報土寺蔵

17　御着城跡出土資料
安土桃山時代
兵庫県　姫路市教育委員会蔵

18　姫路城跡出土資料
安土桃山時代
兵庫県　姫路市教育委員会蔵

19　魚住城跡出土資料
安土桃山時代
兵庫県　姫路市教育委員会蔵

①土師器皿 二枚
②土師器羽釜 一口
③軒丸瓦 一点
④丸瓦 一点

□20 薬師如来坐像 一躯
寛和二年（九八六）
木造 高八四・一 膝張六九・二 腹奥四八・九
長浜市宮前町 舎那院蔵

《上月城攻防戦》

21 播磨国古城所在図 一舗
紙本著色
江戸時代（後期）
七六・七×一六三・九
兵庫県 姫路市城内図書館蔵

□22 韋包仏二枚胴具足 一領
室町時代（後期）
胴高三五・三
山口県 山口県立山口博物館蔵

△23 羽柴秀吉書状 下村玄蕃助宛 一巻
天正五年（一五七七）
一三・七×一二八・二
長浜市朝日町 一般財団法人下郷共済会蔵

△24 吉川元春書状 古志重信宛 一通
天正六年（一五七八）
二七・一×一六五・六
個人蔵

△25 吉川元春書状 古志重信宛 一通
天正六年（一五七八）
二七・八×一六三・八
個人蔵

26 上野秀政書状 古志重信宛 一通
天正八年（一五八〇）
一六・七×五〇・九
島根県 出雲弥生の森博物館蔵

27 山名氏政書状 古志重信宛 一通
天正八年（一五八〇）
一七・六×五二・〇
島根県 出雲弥生の森博物館蔵

《有岡城攻め》

28 武田勝頼書状 安国寺恵瓊宛 一通
天正七年（一五七九）
一〇・九×三八・七
大阪府 大阪城天守閣蔵

29 荒木村重書状 中村左衛門九郎等宛 一幅
天正七年（一五七九）
二六・八×四三・四
兵庫県 伊丹市立博物館蔵

30 伊丹荒木軍記 一冊
元治二年（一八六五）
二〇・〇×一五・〇
兵庫県 伊丹市立博物館蔵

31 本願寺光佐起請文 荒木村重等宛 一幅
天正六年（一五七八）
二一・九×四七・九
京都府 京都大学総合博物館蔵

32 有岡城跡出土資料 二点
安土桃山時代
①軒丸瓦 一点
②軒平瓦 一点
兵庫県 伊丹市歴史博物館蔵

《三木城攻め》

Ⓡ33 別所長治像 一幅
紙本著色
（原）江戸時代
七九・五×四〇・五
兵庫県 兵庫県立歴史博物館蔵

34 別所長治書状 河合□□大夫宛 一通
安土桃山時代
一四・四×四二・六
大阪府 大阪城天守閣蔵

35 織田信長黒印状 別所長治宛 一通
天正四年（一五七六）
一七・〇×三九・三
個人蔵

36 大日如来坐像 一躯
室町時代（前期）
金銅 像高六・八 膝張三・三 台座高一・四
個人蔵

37 輪宝三巴文螺鈿軍陣鞍 一背
室町時代（後期）
前輪高二七・八 前輪幅三一・〇 前後幅三七・八
個人蔵

38 鉄鐙 一対
室町時代（後期）
各前後二八・五 幅一四・五 高二五・五
個人蔵

39 播州三木郡前田町絵図 一舗
江戸時代
兵庫県 三木市蔵

40 羽柴秀吉・別所長治対陣図 一舗
紙本淡彩
江戸時代
九九・〇×一二四・三
兵庫県 三木市蔵

41 別所記 一冊
享保八年（一七二三）
三二・〇×二二・〇
兵庫県 三木市立図書館蔵

42 播州太平記 一冊
江戸時代
二四・〇×一七・〇
兵庫県 三木市立図書館蔵

43 宇喜多直家書状 沼元新右衛門尉宛 一通
天正八年（一五八〇）
二六・五×三九・八
個人蔵 岩国徴古館保管

44 播磨三木城合戦図 三幅
江戸時代（後期）
一七三・〇×一一一・五
兵庫県 兵庫県立歴史博物館蔵

◎45 小早川隆景書状写 粟屋元種宛 一通
天正六年（一五七八）
二七・一×七九・四
山口県 毛利博物館蔵

46 三木城跡出土資料

47 花熊城跡出土資料

48 端谷城跡出土胴丸

49 羽柴秀吉制札 田恵村宛 一枚
天正八年（一五八〇）
四三・七×三一・九
鳥取県 鳥取市歴史博物館蔵

□50 羽柴秀吉制札 淡川市庭宛 一枚
天正七年（一五七九）
三六・〇×三六・三
兵庫県 淡河本町自治会蔵

□51 羽柴秀吉制札 一枚
天正八年（一五八〇）
三八・二×三二・〇
兵庫県 淡河本町自治会蔵

52 羽柴秀吉判物 道場河原百姓町人中宛 一通
天正七年（一五七九）
一八・五×四四・三
兵庫県 道場町自治会蔵

53 羽柴秀吉制札 一枚
天正八年（一五八〇）
五六・六×五一・〇
兵庫県 三木市蔵

54 羽柴秀吉制札 一枚
天正八年（一五八〇）
四〇・八×三四・〇
兵庫県 三木市蔵

55 織田信長朱印禁制 摂州湯山宛 一幅
天正八年（一五八〇）
三二・二×四三・三
大阪府 大阪城天守閣蔵

56 羽柴秀吉書状 鳥居安芸守宛 一幅
天正七年（一五七九）
一三・八×七九・二
大阪府 大阪城天守閣蔵

《鳥取城攻め》

57 山名豊国像 一幅
絹本著色
元和七年（一六二一）
一〇一・〇×四九・〇
大阪府 南宗寺蔵

58 御留場絵図 一舗
寛文年間（一六六一～七三）
三九〇・〇×三九二・〇
鳥取県 鳥取県立博物館蔵

59 旧塁鑿覧 四冊
天保四年（一八三三）
（各）二七・二×一八・五

60 鳥取城図（旧塁鑿覧画図一） 一舗
天保四年（一八三三）
五六・一×一二二・九
鳥取県 鳥取県立博物館蔵

61 鳥取城布陣図（旧塁鑿覧画図二） 一舗
天保四年（一八三三）
七四・二×一〇八・〇
鳥取県 鳥取県立博物館蔵

62 因幡民談記 十冊
江戸時代（前期）
（各）二六・三×一八・三
鳥取県 鳥取県立博物館蔵

63 羽柴秀吉書状 長谷川秀一宛 一幅
天正九年（一五八一）
二七・三×三九・五
愛知県 名古屋市秀吉清正記念館蔵

64 羽柴秀吉自筆書状 伊藤吉次宛 一幅
天正九年（一五八一）
二四・五×四二・五
愛知県 名古屋市秀吉清正記念館蔵

△65 織田信長黒印状 羽柴秀吉宛 一幅
天正九年（一五八一）
一四・五×九一・五
個人蔵

66 羽柴秀吉台所飯米請取状 松浦宛 一幅
天正九年（一五八一）
二五・一×一三・九
鳥取県 鳥取市歴史博物館蔵

《高松城水攻め》

◎67 備前国・備中国彩色絵図 一舗
江戸時代（中期）
三九・六×五三・二
彦根市 彦根城博物館蔵

68 清水宗治・七将像 一幅
絹本著色
江戸時代
一二〇・八×五七・三
個人蔵

69 短刀 銘備州長船祐定作／天正二年二月日 一口
天正二年（一五七四）
刃長二五・〇 反なし
個人蔵

70 清水宗治書状 清水源三郎宛 一幅
天正十年（一五八二）
二二・一×三〇・〇
個人蔵

72 陣鐘 一口
室町時代（後期）
高四〇・五 径二五・〇
山口県 清鏡寺蔵

73 鉄鐙 一隻
室町時代（後期）
高二四・八 前後巾二四・五 巾一二・二
山口県 清鏡寺蔵

74 清水宗治伝記 一巻
岡山県 岡山市教育委員会蔵

75 備中高松城跡出土品 一括
岡山県 岡山市教育委員会蔵

76 吉川元春像 一幅
紙本著色
明治時代
七〇・七×二九・五
山口県 岩国美術館蔵

77 小早川隆景像 一躯
江戸時代
木造 像高五六・〇 膝張七七・八
大阪府 大阪城天守閣蔵

◎78 羽柴秀吉書状 毛利輝元宛 一通
天正十年（一五八二）
一七・三×四五・五
山口県 毛利博物館蔵

79 毛利輝元書状 蜂須賀正勝宛 一通
天正十年（一五八二）
一六・一×四〇・〇
大阪府 大阪城天守閣蔵

80 毛利輝元書状 蜂須賀家政宛 一通
天正十年（一五八二）
一六・七×四九・三
大阪府 大阪城天守閣蔵

81 小早川隆景書状 蜂須賀正勝等宛 一通
天正十二年（一五八四）
一七・七×五〇・二
大阪府 大阪城天守閣蔵

82 毛利輝元書状写 羽柴秀吉宛 一通
天正十二年（一五八四）
二〇・三×五一・六
大阪府 大阪城天守閣蔵

《秀吉天下人への途》

83 山崎合戦図屏風 六曲一双
江戸時代（後期）
（各隻）八一・三×二四二・四
大阪府 大阪城天守閣蔵

古文書　釈文

＊表題の上の数字は列品番号と一致する。

10　竹生嶋奉加帳

羽柴藤吉良

百石　秀吉（花押）

御初尾 五月六日 五石　御内方　参拾疋　御内之 志ゝう殿

同日 □俵　大方殿　五十疋　同 御ちよほ

十疋　天正五正月同

同日 百疋　石松丸　御ちの人　弐斗　同 うば

十月吉日 御初尾 壱俵　大方殿　弐百文　同 おふう

弐十疋　南殿　参百文　同 まゝ

斗帳羽柴筑前守殿　弐十疋　同 おわこ

天正六 二月十日 □石　御内　弐十疋　おいし

弐十疋　おやに

弐十疋　同 中将殿

参百文　同 宮殿

天正六弐月十日 五石来候 拾石　杉原弥七郎　弐十疋　同 おミや

同舟上ヶ 五十疋　神子田秀衛門尉（花押）

天正二二年五月吉日 参貫文　杉原弥七郎家次（花押）

同 壱貫文　御内方　五百文　杉原小六郎

杉原 五百文　御満丸　九月三日 壱石　浅野弥兵衛（花押）

二十疋　同一郎との

天正二二拾月廿八日 御初尾 参百疋　宮部善浄継潤（花押）

十月吉日 はつを 壱俵　伊藤太郎左衛門尉（花押）

五月吉日 二ッ 木綿　伊藤与三御内

壱石　勝地院

銀子弐十目　聖宿山 福寿院之内勝順（花押）

御初尾　壱俵　桑修理（花押）　八月廿七日 壱貫文　桑御内かた

毎年 壱石　一柳勘左衛門尉直次（花押）　毎年 同金尾一勘左内方

毎年 壱俵　立木伝助直治（花押）

弐十疋　山羽又蔵（花押）

毎年 天正四卯月吉日 壱俵　卜真斎（花押）　弐拾疋　孫一郎

天正四年分 壱俵　桑修理進（花押）

五十疋　中村次郎左衛門尉（花押）

天女前机寄進　薄田伝兵衛古継（花押）

卯月廿一日両年 壱石　真野左近　毎年九月五日 壱俵　真野左近丞（花押）

九月五日 壱俵　矢野兵部丞

正月十八日ニあけ申候 壱斗弐升　十二月の哉　石仙

御くうニあけ申候 弐百文　一右衛門同人

天正十二年正月吉日 壱斗二升　御くう石仙

天正四年五月吉日 五十疋　羽太越前守　丹後 家慶（花押）

二月十日 弐石　竹中半

二月十一日 壱石　梅田清衛門尉（花押）

十月吉日 五十疋　伊藤掃部子共（花押）

同日 五十疋　山内伊右衛門尉（花押）

廿七日 二百文　戸田三郎四郎（花押）

二百文　速水勝太（花押）

弐百文　尾藤甚右衛門尉（花押）

二百文 やま崎四郎右衛門 弐百文山さき四郎右衛門（花押）

〃〃〃 二百文　戸田半左衛門（花押）

三十疋　たさき（花押）

十月吉日 子共 壱石　香水吉左近（花押）

□正月吉日 壱升　戸田三郎四郎（花押）

天正□

正月十三日より同廿八日 五斗　木村隼人佐（花押）

正月十三日 五十疋まいねん 弐十疋　佐藤主計助　直清（花押）　五十疋 後十月拾日 三十疋　をかめ　平介

当年分同 かうし

正月十三 弐十疋　尾藤二郎三郎（花押）　後七月十日 弐十疋　佐藤二郎

右衛門尉（花押）

弐十疋　戸田半右衛門尉（花押）

十一月吉日 内共 壱俵　今井日向守

御月参 百廿文　木下将監

八月四日 今西給人 弐斗　河村長松

同 今西給人任斎子 壱斗　竹千代

同 阿閉給人半平子 壱斗　林牛

同 今西給人 壱斗　堀新左衛門尉子共

天正十二十一月吉日 弐斗　以三斎

同日 壱斗五升　咲慶斎

同日 壱斗　三休軒

十二月吉日
壱石　石川木工兵衛

十二月吉日
山金
六斗壱升　浅弥
一軒ふん
高久

弐石　矢野兵部丞
浅野弥兵衛

正月吉日
弐斗　宮田喜八郎光次（花押）
同日
弐斗　同喜八郎
月参之代頼申候口溝□右衛門尉内方
天正六年正月一日十日廿日ニとミや
弐斗五升　宮田喜八郎（花押）
同
弐百文　同新左衛門
こ
天正五年分十一月廿二日
弐斗　御城の　うはゝゝ
十疋　御城の　南殿
天正十六年正月分
北御政所殿　三貫文　五百文　寺崎藤右衛門尉
壱貫文　御香蔵主さま　五百文　伊藤加賀守
五百文　御ひかし殿　二百文　蒔田平左衛門尉
扇子十本　大進殿
二百文　むめかへ　三百文　薄田若狭守
二百文　卜真斎
二百文　あや
二百文　御さ五の御かたさま 参斗五升　佐藤隠岐守
二百文　御うは

二百文　御ちの人　百廿文　杉原二帖　中嶋源介
一百文　あかし　扇二本
五月十八日
一石　九藤肥前守□女　二百文　下方市左衛門尉
二貫門　御ちやうさま　二百文　蜂須加彦御内
五百文　小堀新介　三十文　めわた石川御仙さ
ま
二百文　角衛門尉
三百文　四木甚左衛門尉　二百文　吉川源七
もうめん　一たん
二百文　速水加兵衛
もうめん一たん　同
扇子五本　大津 孫一郎
扇子五本　助五郎
百文　御つほね
五十文　以三
正月二日
拾疋　下総国谷九兵衛尉

【裏面】

十三文　せうけい
三文　しうかう
三文　しうやう
三文　はいこ
二文　けいしうく
せいそう
二文　子々
二文　を
二文　ほゝ
二文　ひつ

23　羽柴秀吉書状

遠路為御見舞預御」使者、御懸意之至令祝」着候、仍今度番州人」質已下、但州一園之様子」委曲左京殿へ申入候」条、定可為其聞候」、

一　但州悉以如存分隙」明候条、去廿七日至作州」堺目、相働候処、播州佐」用郡内ニ敵城三ツ候、其内」福原城より出人数、相」防候、然者竹中半兵衛・小寺」官兵衛両人先ニ遣候処」、於城下及一戦、数多討」取候、我等者ニ平塚三郎兵衛と」申者、城主討捕候処、其」弟助合候を同討取候」、以其競城、乗崩悉不残」討果申候事」

一　右福原城ゟ一里程」先ニ七条と申候城も翌日」廿八日押寄取巻、水之手」取候処、為後巻、此方陣」取上之山へ宇喜多罷出候」条、城ニ令手当置、切懸及合戦、散々切崩、備前」堺迠三里計之間、追付」首数六百十九、其外雑」兵切捨候、夜ニ入候ニ付、宇」喜田不討留事、無年」存候、乍去明石三郎左ヱ門」・まなこ彦左衛門・さうの原」討捕候、此両三人事、両国」にての才覚先懸第一之」者と申候事」、

一　合戦城ゟ引返し、七条」城弥取詰、水之手取候付」、色々侘言候へ共、不能承引」、かえり志ゝかき三重ゆい」まわし、諸口ゟ亦ゟ」申付、去三日乗入悉刎首」、其上巳来敵方之こりと」存知、女子共二百余人、備作」播州三ヶ国之堺目ニ子とも」をハくしにさし、女をハはた」物にかけならへ置候事」、

一　最前之合戦首共、今度」七条討果、首塚二ツつかせ」悉以任存分候事、

一　当郡別所中務と申者之」城今一ッ迠候、種々懇望候」、

人質三人召置、城を八」来二月迠預ケ立置申候事」、
一作州之内、新免弾正左衛門」人質を召連罷出候間、居」
城させ此方一味候事、
一右七条城備作播磨之堺目ニ」おいて可然所ニ候之間、
山中」鹿介今度我等相抱候条」、足弱を八三木ニをかせ、
七条」城ニ残置候事
一如此之上、当表隙明候条」、今日五日播州龍野迠」打
入候、やかて今帰陣候条、其」刻可申入候、猶御使者
申」渡候、恐々謹言、

十二月五日　　秀吉（花押）

下村玄蕃助殿
御返報

24 吉川元春書状　古志重信宛

呉々、申[茂]疎候へ共、彼是御歎息祝着此事候〳〵、
此表之趣、具御聞有度之由候て一人被」差越候、就其
御帋面銘々披見申候キ、」
一上邊頃之御到来其表沙汰之趣、自豊續[(垣屋)]」御方へ御返之帋
面被差遣候、是又得其心□[(候)]、」上月取詰之様躰[并]為後巻打
下候敵」陣之趣、先日度々乍御報令申候、至今日為」何行
[茂]不申付候、荒木・羽柴以下罷居迄候、」城内之儀此比者
一入相弱候、第一兵粮無之由候」条、落去不可有程候、責
口之儀城麓ニ帰鹿」垣・乱抗・逆虎落・荒堀等、随分手堅
申付、」幾重[茂]詰寄候条、其段御校量之前候、」
一丹波表之儀、赤井・波多野・荻悪七被申談、至」至明智
領分之相働被得勝利候哉、尤弥重候、」今度對當方別而可
有馳走との内證、」其聞候哉、可然候〳〵、

一丹後之儀、□田方と組、伊賀可和談之由」□□候哉、
承候様ニ去比迄鉾楯之趣當時」可有和睦との儀いか（紙継目）
、趣候哉、不能分別候、豊續」賢慮之趣能々可被聞合
候〳〵、重而可示給候、」
一出石之御事、于今敵共味方とも不相澄む□」と候哉、
去比宵田表へ豊續被相戦候時も、自」出石少人数成共
被差出候ハヽ、弥可為勝利候処ニ、」無其儀之由候、
世上を被見合趣候哉、何[茂]其」表之様躰時々被見聞及
候て可示預事可為」本望候、就其自豊續案書被申請、
彼三」人へ被相届之由候、其返札候ハ、可被差越候、」
一其表敵境ニ一城被取出之、當所務等可被」申付之由承
候、何篇豊續内談被申候て、」様躰可然儀に候ハヽ、
其御歎息専一候〳〵、」何共自此方者其表之儀方角無
案内ニ候」間、見はからい申儀[茂]不成候、當城普請之
悉被相調之、警固之者上着候ハヽ、在番被」仰付之、
御方・宇山両人御事、今度被相付」候する城ニ可有御
越之由、是又無余儀候、何と」成共可然様御気遣肝要
候〳〵、
一西方之儀付而、自豊續御方迄内證之
趣示給候、令（紙継目）
承知候、是又被仰越候様、今程」京藝弓矢於此表可相
決儀候処、因州など下々の者共何かと取沙汰共候て
ハ不可然之」儀候哉、兎角當方弓箭之ためを被存候ハヽ、」
定而悪様にハ豊續遠慮有間敷候と存候、」乍去御方被
寄思食候程之儀をハ能々」彼方御内談専要候〳〵、」
一大土[并]軍艦方内存之趣、先日豊國若」桜御在陣之比被

得御意候哉、其辻此方返事」于今無之由豊續へ被申越
候歟、其付而示給之」趣承知申候、右之一途豊國最前
以来」御口入之儀候間、先彼返答等再往承候て」可得其
心候〳〵、」
一自上月之落人、田結庄表へ罷越候哉、彼者」口上之趣
兵粮一圓無之由申候歟、此表へ」落来候者も同前之申
候、兎角當表之儀」勝利眼前迄候条、於一途者但州表
之行、」翌日可申付候、其表之儀[茂]自只今内々」其御
歎息御支度専一候、不及申〳〵、」
一城介方陣所へも忍等可被差上哉之由承候、」（紙継目）彼此御
心遣之段申[茂]疎候、其外五畿内」荒信なとへも涯分御
調略肝要候〳〵、」雖不及申候、あさとに候ハぬ様御
賢慮」専一候〳〵、任承之帋面調候て進之候、」猶此表
之儀追々可令申候間先留筆候、」万吉恐々謹言、

六月二日　　元春（花押）

古因
御返申給へ

25 吉川元春書状　古志重信宛

（切封ウハ書）
（墨引）
駿河守
古志因幡守殿　御返報　　元春

去八日之御析帋、同廿六日下着、令披」閲候、
一摂州荒木事、□現形実□□□、」則差出之色立候間、

信長茂出京候て、」摂津国と日夜□(及)取相候、大坂之付」
城等儀、荒木相抱候条、不入城□□□」候而、大坂江
之傳一二ヶ所、于今相抱之由候、」兵庫津・尼崎両城
儀をハ、此方警固」衆ニ相渡候て、荒木事ハ敵前之儀
を専ニ」相戦候て、聞へ候荒木□(端)城儀茂銘々」人質差出、
大坂□□□詰及□□□」差龍、一段手堅、此方一味趣□
条、可御□□□、」

一摂州儀茂小寺此方一味付而、勘定□

（紙継目）

試候する間、以其上可然様可被仰談事□、」其分ニ入
眼候者、重信御事、日山麓ニ被構御宅所」元春無二
ニ可被仰合□(之)通、御内證之趣□□□」御心底御心馳之段、
祝着可被申候、

一上口境目御在番之儀、於御一身者、何と様にも」雖可被
遂御馳走候、御無調調法之儀候間、□□□者」被仰分度
之由尤候、乍去依趣之可有御分別候」間、兼日不能申候、」

一向後明所等候者、可被進置之通、一通之儀承□、」此段者、
輝元判形之御事候哉、又□(元)□□□」取成可被申との一通被
進候様、申聞□□□□」重而様躰承候者、元春可申聞候、
不可□□□□、」

一従御方元春へ被仰聞候事、取次□□□」聞儀候歟、事
多候間、□(茂)□□可有□□□」元春等閑共被思召間敷候、於
向□□□」儀者不及申之、内儀承候者、元春□□□」

（紙継目）

□□□山其外所々、或明退、或懇望候、」龍野之儀茂
種々降参候へ共、宇喜多」無分別付而、非許容候、頃
生水取出、」及行之由其聞候、然時者播州儀茂」多分此
方現形候、無残可相調候、誠大篇」勝利此事候、其表

程近候間、渕底」可有到来候、」

一田公方人質之儀、弥被申澄候て可然候、」御方彼是御氣
遣段祝着申候、豊續」人質、西方衆人質、何茂竹野ニ預
ケ被置せ」之由肝要候、」

一御方御上時相副申候抜勢儀、重信裁判」ニ不成候趣、具
承知申候、左様候すると」推量申候、山左其外急度差上
候之条、」御待付候て、御下可然候、摂州色立付而、」爰
許之儀茂可為出張事相談候、我等」事茂直ニ吉

田罷下、逗留候、豊續被」仰談、其國御調略専要候、

（紙継目）

各急」度可為出勢候間、其時顕其色候様、」御短息専一
候、」

一下口之儀、薩摩衆と豊州州と、於日向」被取相、豊州陣
切崩、歴々討捕之由」其聞候、於様躰者赤間関注進状ニ」
相見へ候条、不及申候、東西如此勝利之」段、寄特と存
候、追々被仰越可申入候、」恐々謹言、

十一月廿八日　　元春（花押）

古志因幡守殿

御返報

26 上野秀政書状　古志重信宛

（包紙ウハ書）

「　　　　上野大和守

古志因幡守殿　　秀政　」

進之候

（端裏切封）

「（墨引）」

呉々先年於本國寺」、御忠儀不浅之由、内々」上意之
趣、此者可相」違候、以上、」

抑久不申通所存之外候、」切々以書状可令申之処、遠路」
故悲心中御等閑候、餘」無音之条、為御見舞、以」使者申候、
仍太刀一腰并鎧壹懸号伊勢駿河作進入候、」於自愛者可為本望
候、爰元」御用之儀聊不可有疎意候、猶」委曲中川瀬介
可申候之間、」令省略候、恐々謹言、

閏三月二日

古志因幡守殿

進之候

27 山名氏政書状　古志重信宛

（包紙ウハ書）

「　古志因幡守殿　　氏政」

（端裏切封）

「（墨引）」

去四月十八日於此国」水生表、織田勢与」竹野衆合戦
之時、」同名左衛門尉討死之段、」不及是非候、乍去被
得」勝利之条尤神妙候、」猶下津屋丹後守可」申候、恐々
謹言

五月十九日　　氏政

28 武田勝頼密書

八重森源七郎回途之砌」寄愚翰候之処、預回章候。」欣意
不少候。自今以後者」別而可申談候之条、御同」意可為
本望候。仍荒木」摂津守奉対公儀抽忠」勤、信長敵対鉾
楯最中之」由無比類次第ニ候。　公儀」御入洛、輝元
御利運此節候」間、片時も早速至城都、輝元」可被動干

戈儀専肝候。此所」於勝頼御手合者全不可有」龃龉候。猶
八重森因幡守可」申候。恐々敬白
正月九日　勝頼（花押）
安国寺
几下

29 荒木村重書状

尚々夜中ニ成共、」御上奉待候。同者、」今夜中奉待候。
急度令申候。仍度々」住遣（注進）申候。定相届申」間敷
候。然者今朝未」明ニ敵此表へ取寄候。」此方雖無人候取出」
於手前首五ツ分捕候。跡勢在之者陣取ニ」早々孫一入殿之」
衆御同道候て、此折」紙参着次第奉待候。」孫一入も大坂
より」夕ニ者此方へ可被」越候。必々奉待候。」皆々以参
可申候へ共、」無案内存事候て可給候。」一刻もはやく待申
候。」恐々謹言
九月十一日　荒摂津守
村重（花押）
中村左衛門九郎殿
武田四郎次郎殿
進之候

31 本願寺光佐起請文　荒木村重等宛

敬白　意趣者
一、対当寺一味之上者、善悪ニ付而互相」談可令入魂候。
従是可申懸候処、遮而」承快然候。就其、縦信長相果
世上何と成」替候共、湯にも水にも無相違不可見放」事。
口上有之。
一、知行方之儀、惣別不相構候。取分其方知行方」猶以無
意趣候。百姓等事、いくつも守護」次第候。其上為此
方不可令介錯事。
一、摂津国之儀者不及申、御望之国々右ニ如申、」知行方
従当寺裁判なき法度ニ候へとも、」被対申　公儀并芸
州へ御忠節之儀候間、」被任存分様随分可令才覚。毛
頭不可有如在」事。
其方へ被相構牢人之儀、於当寺許容不可在之」事。
右之趣於相違者、可有　」西方善逝照覧者也。仍誓詞如件
天正六
十月十七日　光佐（花押）
荒木摂津守殿
荒木新五郎殿

34 別所長治書状　無年八月五日附

追而申候、上市場へ」百性（カ）共弥々被加異見」
年々無油断様相」勤□（カ）（候）ハヽ、可為祝着候、以上
以前者□□つ」として早々御音」信誠ニ寄思一」
入御志之通書」中難尽候、」委細者九右衛門」可
申候、謹言
八月五日　長治（花押）
河合八郎大夫殿

35 織田信長黒印状　別所長治宛

為年甫之祝詞、太刀」一腰・馬一疋并板物三」端令
祝着候、近日可」上洛之条、期其刻候、」恐々謹言
正月廿八日　信長（黒印）
別所小三郎殿

43 宇喜多直家書状　沼元新右衛門尉宛

対宇一（宇喜多）御折紙披見」申候、今度、於篠葺各（美作国）」御調之分、普
請注文岡」権指越候、被抽余人、一」角被仰付と見へ申候、
御」入魂祝着之至候、打続」城山之普請、是又大分」御調
之段、快然之至、誠」難尽紙上候、弓矢之詮」此時と存候
条、被入御」精之段、向後不可有忘」却候、随而三木（三木城）本丸」
落去之左右、昨日、以早馬」河内（美作国）へ申遣候、其後、自」羽（羽柴秀吉）
筑花房又七被指下、」様躰具被申下候、筑州」・蜂彦（蜂須賀正勝）紙面、
今朝以右行」事河内へ差遣候、定其」方へも可有到来候、
別小三（別所長春）」・同山城（賀相）・彦進（友之）腹を切、年」寄中一両人同前ニ候、
相残」物をハ一所へ追寄、番を」被付置、悉可被果と相」
聞候、播州之事ハ不及」申、但州大田垣構武田」城も去
十五日ニ令落去、於」于今者、両国平均候、自」因州鳥取
も人を被付」置、切々懇望候、花又見」及候条、無不審候、
諸勢」今明之間ニ英賀表へ」打下、西表敵陣之趣」聞合可
及行にて候、西」国之儀可任存分と」大慶ニ存候、猶天兵」
可被申之条閣筆候、恐々」謹言
（天正八年）正月廿日　　（宇喜多）直家（花押）
（沼元新右衛門尉）沼新右　御返報

◎45 小早川隆景書状写　栗屋元種宛

（端裏書）
「案文　笠岡より之」

態得御意候、上辺之趣、此間中従方々雖申来候、直
左右無到来候間、不申上候、然者、夜前岡山ヨリ実
左右候条、冨平・下刑法注進状、先入御披見候、
一 去六日至木津諸警固乗入、大坂衆申談候、敵船茂雖
罷出候、舟軍等勿論此方得勝利候、
一 荒木摂津守(村重)并同名志广守(荒木元清)・河原林越後守、実子為人
質渡置、大坂付城悉令破却、血判之神文指出、無二
ニ対公儀可致忠儀之覚悟、無比類之由、到来候、寔
御太(大)慶不可過之候、
一 太(大)和・河内・和泉、調略数多在之条、色立次第可申
下之由候、
一 信長事、至京都、物数二万計ニて被罷上、摂州江可
為始井原木、堅固令相動之由候、然間、荒木端城、
~~摂州江可相動之由候~~覚悟、大坂申談、雑賀衆巳下相加
り、諸城手強致覚悟之由候、
一 播州之儀、御着之小寺、姫路、野間有田、志潟(方)、三木、
宇野(江)中合、悉一味死仕候、龍野、置塩、直家存
分候て、不致許容候、一両日中ニ、至龍野、備作相
催、宇喜泉罷出候、
一 荒木・大坂・三木三家申合、手先無緩候条、追々御
後詰可為肝要之由申候、
一 御出勢之御評議肝要候、先以覚候間、御分国早々被
廻御触、御出張之御催専一ニ候、御警固等も追々五
艘・三艘も可被差上事、肝心之由申下候、何篇、此
刻無御由断被引立、此御弓矢一とをりの被明御隙候
様、御短束此時候、重畳可申上候、恐惶謹言

(天正六年)霜月十四日　　(小早川)隆景

(栗屋元種)栗蔵　御申

49 羽柴秀吉制札　田恵村宛

禁制
一 下々乱防狼藉事
一 田畠取荒事
一 諸事対百姓不謂族申懸事
右条々堅令停止訖、若違犯輩在之者、速可処罪科
者也、仍如件

天正八年五月十二日　　藤吉郎（花押）

50 羽柴秀吉制札　淡川市庭宛

掟条々　　淡川(河)市庭
一 当市毎月　五日　十日　十五日　廿日　廿五日
晦日之事
一 らくいち(楽市)たる上ハ、しやうはい(商売)座やく(役)あるへからさる
事
一 くにしち(国質)・ところしち(所質)［　　］□(之)事
一 けんくハ(喧嘩)・こうろん(口論)、りひせんさく(理非詮索)□(に)を□□(よは)す、双方
せいはい(成敗)すへき事
一 はたこ(旅籠)銭ハ、たひ(旅)人あつらへ(誂)次第たるへき事
右条々、あひそむく(相背)ともからこれ(輩)あらは、きうめい(糺明)をとけ(遂)、
さいくハ(罪科)におこなふ(行)へき者也、仍掟如件

天正七年六月廿八日　　秀吉（花押）

51 羽柴秀吉制札

条々
一 当所奉公人何も立置候間、可為如先々事
一 同町人、如有来、無異議可商売事
一 下々猥之族、不可有之事
右条々違乱之輩有之者、堅可加成敗者也、仍如件

天正八年十月廿九日　　藤吉郎（花押）

52 羽柴秀吉判物　道場河原百姓町人中宛

諸役令免許候、以上
当所地下人并町人等、如前々可還住、若非分族在之者、
可加成敗者也

天正七
十一月廿六日　　藤吉郎
秀吉（花押）

有馬郡之内道場河原
百姓中
町人中

53 羽柴秀吉制札

条々
一 当町江於打越者ハ、諸役あるへからさる事
一 借銭・借米・年貢之未進、天正八年正月十七日ゟ」
以前之事、令免許事
一 □ましき事（付商之さかり銭これをのそくへき事）
一 一粒一銭□有之輩におゐてハ」直訴すへき事

一　をしかいあるましき事
右あひそむくやからにおゐてハ、速ニ可加成敗」者也、仍
如件
天正八年正月十七日　秀吉（花押）

54　羽柴秀吉制札

条々
一　さい〳〵百姓等早さんけんすへき事
一　あれ地ねんく当年三分二ゆうめん、三」分一めしおくへき事
一　さくもういせんたちかへり百姓等いとなみ」ひやくあるましき事　付あれ地之百姓共つくりし□すへ□
右不可有相違者也、仍而如件、
天正八年二月三日　藤吉郎（花押）

55　織田信長朱印禁制

禁制　摂州湯山
一、軍勢甲乙人等乱妨・狼藉事
一、新儀課役事
一、理不尽入譴責使事
右、如先規令停止訖、右於違犯之輩者、速可被處厳科者也、仍下知如件
天正八年三月　日（朱印）

56　羽柴秀吉書状　鳥居安芸守宛

年頭為御祝儀、
上月兵庫助方被差
上候御馬太刀致
披露、則被成御返事候、
幷我等へ御馬太刀拝
領本望存候、仍
其国至三木表御
出馬之儀、上兵如存
知之、来五日相究候、
摂州表より我等
御先へ可罷越候間、
猶其節可得御意候、
次三木侘言仕候由
承候、彼方へ取続申
候へ共不能承引候条、
一切不可有御許容候、
委曲口上申談候、此由
可預御披露候、恐々
謹言
（天正七年）二月廿三日　秀吉（花押）
（封）〆　羽柴藤吉郎
（鳥）□居安芸守殿　秀吉
（祝）□融軒

63　羽柴秀吉書状　長谷川秀一宛

今度　御馬揃之儀、
夥敷相聞へ申候事、
中、驚耳申候、
（か）□様之砌不令参上
候段無念存計候、
各御仕立共せめて
承度候て令啓候、
御報具預示候者、
可為本望候爰元
普請等漸出来候ニ付、
軈而可罷上候、以面上
万、相積儀共可
申承候、恐々謹言
羽筑
三月五日　秀吉（花押）
長竹殿
［　　］

64　羽柴秀吉直筆書状　伊藤次吉宛

なを、たし
かにはかり（量）
わたし可申候。
以上我等ふ祢（船）一双（艘）
にて、とゝけ可申候。以上。
まめ（豆）五十石
とたせいさいもん（戸田清左衛門）、
さう（宗）久ゑ五十石、
合百石の
ふん（分）、六日志さう（宍粟）

にてわたし
可申候、恐々謹言。
ちくせん
天正九年五月六日　秀吉（花押）
（伊藤）いとう

65　織田信長黒印状　羽柴秀吉宛

去十六日書状、今日廿」到来委細披見候」宇喜多・
南条書状」同前候、
一　鳥取面事、先度」桑名具申遣候、弥」丈夫令覚悟候由、」
尤以可然候、彼城中」下々、日々及餓死旨、」可為実儀候、
最前表」裏仕候族、天罰候者、」彼是可討果之段、勿」
論候、弥堅可申付事」専一候、
一　宇喜多敵方目付［　　］、」申越候書中必然ニ」相
見候、後巻事仕候へハ」幸事候、先書ニ如申聞、」惟任（明智光秀）・
長岡（細川藤孝）以下申付候、」又摂州者共をも同前候、」其方一左
右次第可」出張候、其上人数ハ入」次第申付、信長も
可出」馬候条、成其意、万般」無由断調儀肝心候
一　鹿野与伯耆之間有之」敵城へ、南条押詰、及」一戦、
数多討取之、討入」仕候て、乗取候由、近来」神妙候、
粉骨候段、能々」［　　］、猶珍事候者、節々
可注進候也、
（天正九年）八月廿日　信長（黒印）
羽柴藤吉郎とのへ

70　清水宗治書状

（ウハ書）「源三郎参」
兵粮指下候、」羽柴も来」二日罷下候、実」儀之沙汰
可申候、」若相延候者、」聽而替事」可指下候、手習」
心懸肝要候、」恐々謹言、
長左
宗治（花押）
（天正十年）三月晦日

78　羽柴秀吉書状　毛利輝元宛

（包紙上書）
「　羽柴筑前守
秀吉
毛利右馬頭殿
人々御中　」
（墨引）
為 大相國吊、御使僧」被差上、青銅万疋」贈被懸御意候。
誠被入」御念示預候段、難申謝候。」然而就畿内要候、御
使」僧如被及見候、於山崎我等」普請申付候故、吊之儀、」
先令延引候間、彼仏事」執行
候刻、可蒙仰候条、」御使僧へ申渡候。恐惶謹言。
七月十七日　秀吉（花押）
毛利右頭殿
人々御中

79　毛利輝元書状　蜂須賀正勝宛

（包紙）「蜂須賀小六殿御宿所　毛利輝元」
今度和睦之儀、以御」馳走秀吉申談、本望候。」殊天下被
属御勝利」段、尤珍重候。彼是以都」鄙之大慶此節候。仍太」
刀一腰・銀子十枚令進之候。」寔補御祝儀計候。弥」長久
可申承候。猶任安国」寺西堂口上候。
恐々謹言
七月十八日　輝元（花押）
蜂須賀小六殿　御宿所

80　毛利輝元書状　蜂須賀家政宛

今度和睦之儀、秀吉申」談、本望候。殊天下事、」被属御
勝利之段、尤珍」重候。彼是以都鄙之大」慶此節候。弥長
久可申」承候。仍太刀一腰、銀子百」枚進之候。誠表御祝
儀計候。」猶任安国寺西堂口上候。」恐々謹言
七月十八日　輝元（花押）
蜂須賀彦右衛門尉殿
御宿所

81　小早川隆景書状　蜂須賀正勝等宛

貴札令拝見候。殊御」太刀一腰・御馬一疋」并縮羅五十端
拝領、」畏入存候。将又御祝」言之儀、不日可為御」上着候。
目出度長久」可得貴意候。此等之趣、」可預御披露候。恐惶」
謹言
十一月五日　隆景（花押）
蜂須賀彦右衛門尉殿
黒田官兵衛尉殿

82　毛利輝元書状写　羽柴秀吉宛

就御祝言之儀貫札令拝」見候、抑御太刀一腰・御」馬一疋

栗毛糟毛・縮羅百端被」御意候、拝受、珍重存候、長」久

可得貴意之条、大慶此」事候、猶至蜂彦右・黒官兵」申述

候、恐惶謹言

十一月六日　右馬頭輝元（花押）

謹上　羽柴殿

羽柴秀吉中国攻め略年表

年号	西暦	秀吉齢	事項
天正元	一五七三	三七	九月一日小谷城が落城し、浅井長政が自刃する。秀吉は信長より小谷城および浅井氏旧領である江北三郡（坂田・浅井・伊香）を与えられる。「羽柴」と改姓する。
天正二	一五七四	三八	小谷城から今浜に移城する。今浜を「長浜」と改める。長浜城の築城を開始
天正三	一五七五	三九	長篠の戦い。
天正四	一五七六	四十	信長に中国経略を命じられる。
天正五	一五七七	四一	京都から播磨に出陣する。御着城の支城・姫路城主の黒田官兵衛を勧降。官兵衛を案内役に、西播磨、つづいて但馬を平定。山口岩洲城、竹田城を攻め落とす。十一月二十七日福原城を攻略。十二月三日に上月城を落城し、尼子勝久に守備させる。十二月中旬に帰国し、安土城の信長に戦況を報告。
天正六	一五七八	四二	安土城で新年を迎える。二月二十三日、再び播磨に出陣し、姫路西北の写書山に陣を構える。一度は信長に味方した三木城の別所長治が反旗を翻す。秀吉、三木城を攻撃し、長治を属城・野口に追い込む。この頃、上月城が吉川元春・小早川隆景らの襲撃にあう。上月城救援のため、陣を西に移し、四月中旬、高倉山に構える。戦況は打開せず、上月城を見捨てる。再び三木城を攻略するため、東に向かい、陣を平井山に移す。別所長治の属城・神吉城を攻撃。上月城、毛利勢の猛攻によって落城。神吉城落城。伊丹城主・荒木村重が反旗を翻し、秀吉は有馬郡方面へ引き返す。以降、同地に駐留していたと考えられるが、不明。
天正七	一五七九	四三	新年を有馬郡方面の陣中にて迎えたか。一月十一日に家臣の浅野長吉（のちの長政）に近江北郷福永のうち三百石を宛行い、二月三日には伊勢神宮にも同地を寄進。同月、別所長治の属城・摂津国丹生山城を攻め落とし、三木城・伊丹城の通路を封鎖する。六月十三日、秀吉軍の知将・竹中半兵衛が陣中で死去。織田軍によって、支城である神吉・志方・端谷・高砂が次々と落とされ、三木城は孤立状態に陥る。毛利氏は兵糧運搬を企てるが秀吉軍に阻まれる。秀吉は三木城を包囲し、兵糧攻めにとりかかる。
天正八	一五八〇	四四	一月六日南宮城、八日魚住城、十日志方・御着城、十一日鷹尾城を攻略。十七日兵糧攻めの末、将兵の助命を条件に別所長治は自刃し、三木城は落城する。二月十日、秀吉は、信長に戦況を報告し、長浜に凱旋。二月十九日、津田宗及らを招き、長浜城内で茶会を開く。その後、再び播磨に戻る。四月二十四日宍粟郡の宇野民部を長水山城に攻め、六月五日に落城させる。その後、因幡・伯耆国境まで進軍する。九月国内で検地を行う。この頃、すでに信長から播磨の支配権を与えられていたと考えられる。弟の秀長を但馬に派遣し、秀長は但馬を平定する。十二月六日、秀吉、姫路城に帰城する。

天正九	一五八一	四五	この頃、姫路城に在城し、姫路城の修築を始める。 三月二十九日、京都所司代村井貞勝・松井友閑・村井貞成とともに清水寺にて酒宴を開き、猿楽を見学。四月、長浜に帰城。十日、竹生島参詣に赴いた信長を長浜城に迎える。その後、姫路に戻る。六月二十五日、因幡に向けて出陣。直ちに鳥取城を包囲し、兵糧攻めを開始。十月二十五日、吉川経家が自刃し、鳥取城落城。宮部継潤に守備を任せ、ついに因幡を平定する。 伯耆に進軍し、毛利軍の吉川元春と馬の山付近で対陣、のち降雪期に入り、両軍撤退する。十一月八日、姫路に凱旋し、淡路島に上陸。十七日、岩屋城・由良城を攻め、淡路を平定する。二十日、姫路に帰城、十二月二十日安土に赴き、信長に播磨・淡路平定を報告。二十二日、摂津茨城城で茶会を開き、その後、姫路に帰城。
天正十	一五八二	四六	高松城の清水宗治を誘降するが拒否され、三月十五日に姫路を出立し、五月七日高松城の包囲を始める。城の周囲に堤防を築き、足守川の流れを止め、高松城を水攻めにする。毛利輝元も進軍し、秀吉軍・毛利軍が高松城を挟み、対峙する。一方、信長は甲斐武田氏を滅ぼし安土に凱旋、秀吉の援軍申請に応じ、明智光秀・細川忠興らを派遣、ついで自身も進軍の準備を始める。五月二十九日、信長は上京し、本能寺に入る。 六月二日本能寺の変がおこる。早朝、明智光秀が本能寺を襲撃、信長は自刃する。三日の晩、秀吉は捕らえた毛利方の密使により信長の死を知る。 六月四日秀吉は信長の死を秘し、毛利氏と和解交渉を始める。清水宗治の切腹を条件に、秀吉・毛利両軍の和睦が成立。秀吉は高松城を手に入れる。六日、高松を発ち、備前沼城に入る。七日、姫路城に入る。九日から、明石、尼崎、摂津富田に軍を進める。 十三日山城山崎に陣を立てる。織田信孝・丹羽長秀・池田恒興らとともに明智光秀を破る。十六日、安土を経て長浜城に帰城する。二十七日尾張清洲城にて信長の後継を信長の嫡男・信忠の子である三法師（のち秀信）と定める。政務は秀吉・柴田勝家・丹羽長秀・池田恒興の四奉行が執り行うことが決まる。勝家に江北三郡を割譲し、秀吉は山城を得る。のち長浜城には勝家の甥・勝豊が入城。六月に長浜城に戻った後、七月十一日に秀吉は三法師を伴い、上京する。十三日に秀吉は播磨に帰国、十九日、再び上京。二十四日、丹波亀山に向かう。この頃、山崎城を居城にしている。 十月十五日、京都・大徳寺にて信長の葬儀を行う。秀吉の工作により柴田勝家らは参列できず、秀吉・勝家両者の対立が強まる。十二月九日、秀吉は近江に戻り、長浜城主・柴田勝豊を降伏させ、再び湖北の統治者になる。二十日、岐阜城主・織田信孝を降伏させる。十二月二十九日、山崎城に凱旋。
天正十一	一五八三	四七	賤ヶ岳の戦いで柴田勝家を破る。 大坂城の普請が始まる。
天正十二	一五八四	四八	小牧・長久手の戦い。織田信雄・徳川家康連合軍と戦う。
天正十三	一五八五	四九	従一位・関白となる。太政大臣に任ぜられ、「豊臣」の姓を賜う。

参考文献

奥野高広・岩沢愿彦校注『信長公記』角川書店　一九六九年
小和田哲男『豊臣秀吉』中央公論社　一九八五年
黒田日出男「戦国織豊期の技術と経済発展」『講座日本歴史』四　東京大学出版会　一九八五年
桑田忠親編『太閤書信』地人書館　一九四三年
桑田忠親編『豊臣秀吉のすべて』新人物往来社　一九八一年
小島道裕「戦国期城下町の構造」『日本史研究』二五七　一九八四年
染谷光弘「木下秀吉の文書についての補説」『日本歴史』三〇〇　一九七三年
谷口克広「元亀年間における信長の近江支配体制について」『日本歴史』四七一　一九八七年
高木昭作監修・谷口克広著『織田信長家臣人名辞典』一九九五年
別府信吾「清水宗治の周辺—特に史料と人物像について—」『操山論叢』二〇　一九八五年
三鬼清一郎「豊臣政権の知行体系」『日本史研究』一一八　一九七一年
林　信男編『備中　高松城水攻の検証　附高松城址保興会のあゆみ』一九九九年
松林靖明・山上登志美『別所記—研究と資料—』　和泉書院　一九九六年
脇田修『織田信長』中央公論社　一九八七年

大阪城天守閣『秀吉家臣団』二〇〇〇年
大阪城天守閣『秀吉への朝鮮』二〇一〇年
大阪城天守閣『秀吉の城』二〇一二年
鳥取県立博物館『山陰の大名』一九八六年
兵庫県立博物館『姫路城とその時代〜官兵衛・秀吉・輝政〜』一九八七年
伊丹市文化財保存協会『伊丹城跡発掘調査報告書Ⅱ』　一九七七年
神戸市教育委員会『神戸で秀吉と出会う』二〇一〇年
三木市教育委員会『三木城跡及付城跡群総合調査報告書』二〇一〇年
鳥取市歴史博物館『天正九年鳥取城をめぐる戦い—毛利・織田戦争と戦国武将・吉川経家—』　二〇〇五年
和歌山市立博物館『秀吉と日本三大水攻め』一九九九年
別所公四百年祭記念誌『別所氏と三木合戦』一九八七年

『近江国坂田郡志』一九四四年
『岡山県史』第六巻　一九八四年
『鳥取県史』第二巻　一九七三年
『東浅井郡志』　一九二七年
『兵庫県史』第三巻　一九七八年

お世話になった方々（敬称略）

明石市教育委員会
朝来市教育委員会
出雲市
出雲弥生の森博物館
伊丹市立博物館
一般財団法人下郷共済会
岩国徴古館
岩国美術館
淡河本町自治会
大阪城天守閣
岡山市教育委員会
京都国立博物館
京都大学総合博物館
神戸市教育委員会
神戸市北区淡河自治会
神戸市北区道場自治会
神戸市立博物館
西教寺
堺市博物館
佐用町教育委員会
舎那院
瑞林院
清鏡寺
高松城址保興会
たつの市教育委員会
豊岡市郷土資料館
鳥取市歴史博物館
鳥取県立博物館
長浜八幡宮
名古屋市秀吉清正記念館
南宗寺
光市文化振興財団
光市文化センター
彦根城博物館
姫路市教育委員会
姫路市埋蔵文化財センター
姫路市立城内図書館
兵庫県立歴史博物館
法界寺
報土寺
本法寺
三木市教育委員会
三木市立図書館
毛利博物館
山口県立山口博物館
小豆澤悦子
伊藤靖浩
牛尾義尚
大嶋陽一
岡村弘子
亀谷直毅
北川　央
小西惇子
佐藤嘉孝
笹原智美
清水　男
清水マサ子
柴原直樹
塚原明子
野田浩子
秦　隆弘
藤本宏道
丸岡敦雄
宮本裕次
山下善也
横山展宏

編集スタッフ

片山　勝（長浜市長浜城歴史博物館　館長）
太田　浩司（長浜市長浜城歴史博物館　副館長）
森岡　榮一（長浜市長浜城歴史博物館　副参事）
北村　大輔（長浜市長浜城歴史博物館　副参事）
南部　真住（長浜市長浜城歴史博物館　主幹）
西原　雄大（長浜市長浜城歴史博物館　主幹）
福井　智英（長浜市長浜城歴史博物館　主幹）
山崎うらら（長浜市長浜城歴史博物館　事務員）
高橋　麻美（長浜市長浜城歴史博物館　事務員）
百々なつみ（長浜市長浜城歴史博物館　事務員）
大竹　悦子（長浜市長浜城歴史博物館　学芸員）
青木　愛美（長浜市長浜城歴史博物館　事務員）

制作スタッフ

藤本　秀樹（サンライズ出版）
岸田　詳子（サンライズ出版）
岸田　幸治（サンライズ出版）
高野瀬普子（サンライズ出版）

秀吉に備えよ!!
―羽柴秀吉の中国攻め―

発行日　平成二十五年七月二十日
企画・編集　長浜市長浜城歴史博物館
制作　サンライズ出版株式会社
発行　長浜市長浜城歴史博物館
〒五二六―〇〇六五
滋賀県長浜市公園町一〇番一〇号
電話　〇七四九（六三）四六一一
発売元　サンライズ出版
〒五二二―〇〇〇四
滋賀県彦根市鳥居本町六五五―一
電話　〇七四九（二二）〇六二七

ISBN978-4-88325-513-9 C0021

長浜城歴史博物館の本

戦国大名浅井氏と北近江
—浅井三代から三姉妹へ—
長浜市長浜城歴史博物館

開館二五周年記念特別展図録。現存する肖像画の数々や書状、刀剣など、浅井氏関係資料のほとんどを網羅。それぞれの人物像と地域の特色を明らかにした論考を収録。

定価１８００円＋税

戦国武将の竹生島信仰
長浜市長浜城歴史博物館

竹生島の弁才天を厚く信仰した浅井家歴代当主、羽柴秀吉による手厚い保護、江戸に暮らす江からの葵の紋付きの贈り物など、戦国武将や浅井三姉妹と竹生島の関わりを紹介。

定価１０００円＋税

秀吉を支えた武将 田中吉政
—近畿・東海と九州をつなぐ戦国史—
長浜市長浜城歴史博物館

小身から三十二万石余の太守に成り上がった田中吉政。秀吉の日本改造の計画を推進した能吏の一人、「ミニ秀吉」といわれた土木通大名「吉政」の実像と政策に迫る。

定価１５００円＋税

一豊と秀吉が駆けた時代
—夫人が支えた戦国史—
長浜市長浜城歴史博物館

長浜城主、掛川城主、そして土佐藩主に至る山内一豊とその夫人千代に関する史跡・遺品を紹介すると同時に、夫妻が生きた戦国の時代背景を詳述。

定価１５００円＋税

江戸時代の科学技術
—国友一貫斎から広がる世界—
長浜市長浜城歴史博物館

江戸時代後期、国友鉄砲鍛冶の家に生まれ、さまざまな新技術や科学的知識を吸収し、日本の近代化を準備した一人、「一貫斎」の業績を多角的に捉えなおす。

定価１８００円＋税

神になった秀吉
—秀吉人気の秘密を探る—
長浜市長浜城歴史博物館

戦国乱世を駆け、天下統一を果たした豊臣秀吉。豊臣家が滅亡、徳川の世となっても、世の人々は彼を忘れなかった。人々を魅了したその人気の源を探る。

定価１８００円＋税